学研の
ヒューマンケア
ブックス

よりよいソーシャルスキルが身につく

アスペルガー症候群と高機能自閉症 青年期の社会性のために

杉山登志郎［編著］
あいち小児保健医療総合センター
心療科部長兼保健センター長

学研

アスペルガー症候群と高機能自閉症——青年期の社会性のために

アスペルガー症候群と高機能自閉症――青年期の社会性のために――目次

第1章　今、最も必要なことは

総説

問題行動の克服と青年期の社会性の獲得のために

杉山登志郎（あいち小児保健医療総合センター心療科部長兼保健センター長）

長崎の悲しい事件をうけて

平成一五年、わが国はまたしても少年によって生じた悲しい事件に震撼させられた。四歳という年齢で理不尽に命を奪われたご本人、またそのご家族のことを思えばことばもない。

この異様な事件はその後、犯人が中学一年生であったことが報道され、大きな衝撃が走った。さらにその逮捕された少年のさまざまな行動が報道されるにつれ、子どもの発達障害に日々取り組んでいる専門医や臨床心理士、また教員の間では「この子もどうもアスペ（高機能広汎性《こうはんせい》発達障害）のようだ」ということばが交わされるようになった。そして鑑定の結果が報道されるにおよび、彼がアスペルガー症候群であることが明らかとなった。

この事件は私自身にとっても大きな衝撃であった。当時私は日本自閉症協会に委託された厚生科学研究で、高機能広汎性発達障害の社会的な適応を不良にするさまざまな問題行動について継続的な臨床研究を行ってきた。平成一五年はテーマを非行および触法行為とし、臨床研究を始めたところであった。

このテーマを選んだ理由は、この何年かの間にさまざまな専門家の友人からこのグループと考えられる青年の触法行為について、相談を受けることが著しく増えたこと、さらに私自身が診察を行った高機能広汎性発達障害の中に非行や触法行為に至るものが、まれではあるが以前よりも明らかに増えて来たことである。

豊川の事件以後もこのグループの少年あるいは青年による犯罪の報道が何度かあり、正面から取り上げる必要性を以前から感じていた。それにもかかわらず、非行や犯罪という問題は重いテーマであるがために、取り組みが遅れたことは慚愧《ざんき》に耐えない。

犯罪を犯した少年が、もっと以前に生来のハンディキャップの存在に気づかれていれば、この様な悲劇はきっと防げたのではないかと考えられる。被害者の少年のみならず、加害者の少年に対しても、彼が正しい対応を受けることができなかったことに、いわゆる専門家である我々には等しく責任がある。このグループについての啓発が、よりいっそう必要である。

我々は二〇〇一年度に二回にわたって高機能広汎性発達障害の特集を「実践障害児教育」で組み、その内容は合わせて一冊の本としてまとめられた（杉山編「アスペルガー症候群と高機能自閉症の理解とサポート」学研、二〇〇二）。この本には多くの反響が寄せられた。その最大のものは、入門編の次の情報が知りたい、というものであった。

それに答える形で、「実践障害児教育」において、二〇〇四年に二回の特集が組まれた。この特集にさらに大幅に加筆を行い、まとめたものが本書である。

この本にまとめられたものは、高機能広汎性発達障害に関する中級編であり、問題行動の予防と対応、そして青年期以後の社会性獲得に焦点が当てられている。前著と同様に、机上の空論は一つもない。すべて実際にアスペルガー症候群や高機能自閉症に取り組んできた実践家による実践報告から成り立っている。

高機能広汎性発達障害とは

入門的な内容に関しては前著をお読み頂きたく、極力重複を避けるが、最低限のみ、高機能広汎性発達障害についてまとめておきたい。

広汎性発達障害とは、自閉症と同質の社会性の障害を中心とする発達障害の総称である。自閉症スペクトラム（連続体）と呼ばれることもある。知的障害を伴わない自閉症を慣例的に高機能自閉症と呼んできたので、広汎性発達障害全体にもこの呼称を援用し、知的障害をもたない群を高機能広汎性発達障害と呼んでいる。具体的には知能指数七〇以上を示すものを高機能群とする。その中には高機能自閉症、アスペルガー症候群、高機能の非定型自閉症の三者が含まれる。ここで前著の図を再掲する（図）。

自閉症の場合には三兆候（社会性の障害、コミュニケーションの障害、想像力の障害）が特徴であるのに対して、アスペルガー症候群はこのうちコミュ

〈図〉

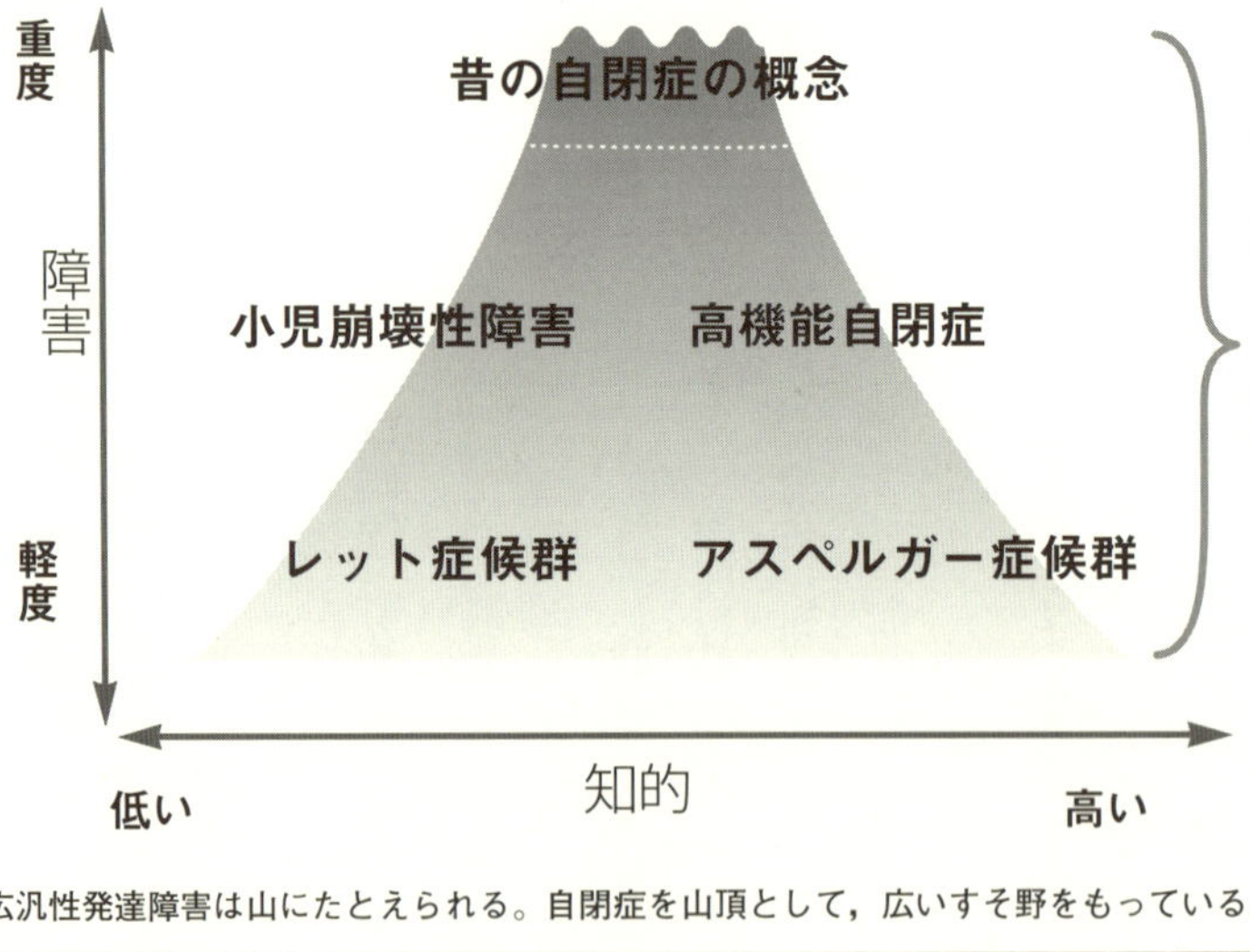

広汎性発達障害は山にたとえられる。自閉症を山頂として，広いすそ野をもっている。

ニケーションの障害が非常に軽微な群である。

非定型自閉症の正式な呼称は、特定不能のその他の広汎性発達障害（Pervasive Developmental Disorder Not Otherwise Specified=ＰＤＤＮＯＳ）である。広汎性発達障害に属するものの、診断基準を満たさないグループであるが、丹念に生育史をたどれば、少なくとも一時期は自閉症の診断基準を満たしていたものがほとんどである。つまり高機能広汎性発達障害は、知的障害を伴わないだけで、基本的な障害は自閉症とほぼ同一である。

高機能自閉症とアスペルガー症候群の違いは、幼児期の始語の遅れの有無であり、幼児期のことばの遅れが著しいものは自閉症と診断され、始語の遅れがなくことばが早くから発達した群がアスペルガー症候群という診断になる。

広汎性発達障害かそうでないか、あるいは高機能群か非高機能群かということでは臨床的に大きな違いがあるが、高機能群の中の診断カテゴリーが異なっても、その本質的な問題に関して臨床像の違いは存在しない。従って、下位分類にこだわるより高機能広汎性発達障害としてくくって扱う方が現実的である。

一九九〇年代後半以後に行われた最近の疫学調査では、広汎性発達障害全体は一パーセント前後の高い罹病率が報告されるようになった。また、そのうち三分の一から四分の三が高機能群であることが明らかとなった。文部科学省の通常学級の調査（二〇〇二）では、通常学級に在籍する児童の中で、知的な障害がなく、対人関係の障害や強いこだわりをもつ児童生徒が〇・八パーセント存在した。

豊田子ども発達センターの悉皆《しっかい》調査（河村ら、二〇〇二）では広汎性発達障害の罹病率は一・七パーセントであった。うち高機能群は一・一パーセントであった。これらの資料から高機能広汎性発達障害は百人に一人という高い罹病率をもつと考えられる。すなわち、通常学級に普通に在籍することが、今や明らかとなったのである。

一般的な経過
いじめからの保護がなぜ大切か

幼児期の行動は、自閉症と大きな変わりはない。視線の合い難さや分離不安の欠如を示す児童が多い。集団教育の開始で、集団行動が著しく不得手なことが目立つようになる。先生の指示に従わず、集団で動くことができず、自己の興味にのみ没頭する。

ことばの遅れは少ないが、会話でのやりとりは著しく不得手である。過敏性を抱える子も四割程度に見られ、特定の音刺激に耳ふさぎをしたり、パニックになることもある。また手をつなぐのを嫌がり、肌が触れたり頭を触られるのを著しく嫌う児童も多い。

幼児期からハンディキャップに気づかれて療育を受けてきた児童の場合には、学校入学時点で学校生活上の基本的なルールを守れないことは少ないが、未診断の児童の場合、学校における基本ルールが理解できていないことが多く、さまざまな問題行動が頻発する。教師の指示に従わず、興味のある授業のみ参加し、それ以外の授業には参加しないということも少なくない。また小学生になると多くの児童はファンタジーへの没頭を抱えるようになる。

小学校高学年になると、彼らは「心の理論」を獲得し他者の心理を読むことがある程度可能となる。そのために、社会的なルールに従えないというトラブルは激減する。しかし同時に、周囲を気にするようになり、それまでの我関せず然とした態度から一転して、ささいな働きかけに対し被害的に受け取るようになる。

大多数の子どもではしばらく時間をおいてトラブルが激減するが、一部は著しく被害的な状況が続き、ささいなことでパニックを頻発させるなど、むしろ不適応状態が高じてしまう。

集団行動の障害もあって、高機能広汎性発達障害の児童は学校で激しいいじめの標的となることが多い。小学校低学年ではいじめを受けていても比較的無関心なものが少なくないが、高学年になって周囲を気にするようになると、今度は自閉症圏の発達障害独自の現象であるタイムスリップ現象によって、ささいなきっかけで昔の不快場面のフラッシュバックが生じ、大騒ぎを繰り返すようになる。

　それまでの学校生活の中で、教師からきちんとした配慮を受け、集団行動に問題があってもいじめから保護されていた児童においては、他者の心理の把握が可能となる小学校高学年の節目を過ぎた後、役者が他者を演じるように、多くの高機能児は社会的役割を理解し演じることが次第に可能となり、孤立はしていても大きなトラブルなく学校生活を過ごすようになる。しかし不適応が続くグループでは、さまざまな合併症を高頻度に生じるようになるのである。

　このことから、診断がきちんとつけられ、放置されずしかも迫害もされない状況の中で、しっかりと教育を受けることができる態勢を整えることが、高機能広汎性発達障害への学校教育の大きな課題となるのである。

暴力的な噴出を繰り返すグループ

　小学校年代に見られる問題行動の代表に、暴力的な噴出を繰り返すグループの存在がある。高機能広汎性発達障害の児童が学校でパニックを生じることはまれではない。しかし、中に周囲の大人が脅威を覚えるような暴力的噴出を伴う発作的興奮を繰り返すものが存在する。

　高機能広汎性発達障害児の五パーセント程度と比較的まれではあるが、一人このタイプの児童がクラスにいれば学級崩壊になってしまうほど、このグループの起こす問題は大変である。毎日数回以上、場合によっては一日三〇回も激しい暴力的な噴出を生じ、その内容も、ナイフを出したり、机を投げつけたりし、周囲の子どもにけがを負わせた、暴力を受けた子が不登校になったといった深刻な影響を与えていた。

　全症例がささいなきっかけで、顔色が変わり、あたかも変身するかのように急に激こうして暴れ出すが、興奮がいったん収まると平静な表情に戻るという状況がすべての事例に認められた。

一つの類型は、ファンタジーへの没頭と戦闘型テレビゲームへの偏好があり、ストレス場面で急にゲームの世界に切り替わってしまい、あたかも変身をするかのように暴れ出すというものである。

第二のパターンは、対人的な過敏性が著しく高く、後ろから肩をたたかれ、いきなり殴り返す子など、ささいな働きかけや接触に対して激こうする児童である。

第三のグループは、診断が小学校高学年以後に遅れ、周囲の級友との間に敵対的な対人関係が固定してしまった中学生以上の年齢の生徒で、他の子どもとの交流がことごとく被害的、迫害的に受け取られ、暴力的な反撃を繰り返すというものであった。また、全員が不安が高く、自分が達成できないと感じると学校の課題そのものを回避してしまう傾向が認められた。

このグループに対しては、まず必要なことはこのグループの背後にある病理を理解することである。しかし学校内での対応のみでは解決は難しい場合も多い。薬物療法とそれに加えて強力な環境調整が不可欠である。通常学級での対応はほぼ不可能と筆者は考えている。特に強調をしたいのは、このグループの生徒へ対応を組むためには、学校全体の協力が必要となることである。担任のみに責任を負わせても何ら解決にならない。

自己同一性の障害

さらに青年期にさしかかったときに、非常に独自の同一性の障害を呈する高機能青年が多く見られる。先に述べたように、彼らは青年期になると、自分と他の人との比較が可能となるため、自己の独自性をある程度は認識するようになる。

しかし他者の目をもたないがために、深く悩み、またしばしば無関係の問題をもち出して責任を転嫁することもある。

この同一性の障害は、性同一性の障害へと発展することもまれではなく、男性が女性になることを望み、女性が女性性であることを拒否することが見られる。従ってこの年齢に至ったとき、彼らに直接に障害告知を行うことが必要となってくる。

我々は二回にわたる障害告知を行っている。一回目は一〇歳を超え、自己に悩み始めた時期である。さらに一五歳を越えて高校生年齢になると世界が急速に拡がるため、ここで第二回目の障害告知を行うようにしている。

このグループへの教育がなぜ難しいのか

このグループへの対応が難しいのは、自閉症への対応が難しいことと同一の理由による。我々が子どもたちを励まそうとしたらどうするだろうか。大声で名前を呼び、手を握りしめ、肩をたたき、あるいは抱きしめるのではないだろうか。これを自閉症の子どもにしたらどうなるだろう。言うまでもなく、パニックを起こさせてしまうのだ!

自閉症圏の子どもたちにおいては、社会性の障害という、人と人とのかかわりのところにハンディキャップの中心がある。このために、一般的な子どもへの常識は、このグループには通用しないことを知る必要がある。

自閉症やアスペルガー症候群の子どもに教師として接する人にぜひお願いしたいのは、彼らによる自伝や手記を一冊でも読んで欲しいということである。ドナ・ウイリアムズの「自閉症だった私へ」、またテンプル・グランディンの「自閉症の才能開発」がその代表であるが、困ったことに**特別支援教育**を担当する教師ですら、これらの本を読んでいる割合は決して多くない。これは本当に困ったことである。

例えば精神科医である私が、精神科疾患の非常に大きな領域を占める問題、例えばうつ病に対して、「私はうつ病のことは知りませんし、経験もありません。しかし精神科医ですから、うつ病の治療に問題はありません」と胸を張って言うことが許されるであろうか。

特別支援教育において、今や自閉症は、生徒の半分を占める最も大きなグループである。このことを考えてみれば、自閉症の世界を知らないでどうして教壇に立つことが許されるであろう。

もしも教員が多忙なあまり一冊の自伝を読み切る時間がないのであれば、おすすめは前出の本「アスペルガー症候群と高機能自閉症の理解とサポート」に掲載されたニキ・リンコ氏とコアラ氏の手記である。また、この本の九七ページの藤家さんの手記がすばらしい。短くまとめられ、しかも内容が非常に深い。この手記によって始めて自閉症の体験世界に触れられる方は、「こんな世界があるのか」ときっと驚かれるのではないかと思う。

繰り返すが、自閉症圏の子どもには、例え高機能児であっても、通常の子の常識は通用しないことが多い。教師は専門家である。教育を行う者が、教育を行う子どもについて無知のまま教壇に立つことは、子どもに失礼極まりないであろう。

高機能広汎性発達障害に見られるさまざまな問題行動

〈表1〉は、筆者によって継続的なフォローアップを受けている三五四名の高機能広汎性発達障害児・者である（三歳から四一歳　平均年齢九・一±六・〇歳）。この対象に認められる代表的な精神医学的問題を調査した。診断は、不登校と触法行為に絡む問題以外は、アメリカ精神医学会作成の「診断と統計のためのマニュアル」第四版（ＤＳＭ—Ⅳ）を用いた。その結果を〈表2〉に示した。

ここに取り上げた問題がすべてではないことは言うまでもない。例えばチックである。合併率は非常に高いが、チック自体に対して治療を行った症例がなく、また長期にわたり消長を繰り返すので、あえてカウントを行わなかった。それぞれについて説明を行う。

〈表１〉高機能広汎性発達障害の対象
（2001.11～2004.06）

	自閉症	アスペルガー症候群	PDDNOS	計
男性（18≦）	158（17）	64（14）	60（1）	282（32）
女性（18≦）	31（3）	13（4）	28（1）	72（8）
計（18≦）	189（20）	77（18）	88（2）	354（40）

〈表２〉精神医学的問題の一覧
（N=354）

	N	%
不登校	33	9.3
統合失調症様病態	8	2.3
解離性障害	20	5.6
うつ病	10	2.8
強迫性障害	6	1.7
行為障害、犯罪	16	4.5

①不登校

筆者はこれまで、このグループに生じる不登校は、それほど多いものではないと考えてきた。それは継続的なフォローアップを行ってきた高機能広汎性発達障害の学童において、不登校は三パーセント程度にしか認められず、一般的な不登校の罹病率と変わりなかったからである。

ところが新しい小児センターで新たな多くの高機能児に出会ってみると、その中に不登校を生じるものが多いことに驚かされた。全体の約一割に達するのである。つまり継続して治療的な介入を受け続けてきたグループでは比較的まれであるが、未診断のグループにおいては一般的に生じる問題であるようだ。しかもこのグループの不登校は、一般的な児童生徒の不登校とはかなり異なった形のものが多い。

すでに高校生になって初めて会った青年である。小学校では通常学級に通い、激しいいじめを受けた。

学習の問題もあって、中学一年生で特殊学級に進学したが、そのころから「自分は小学校をきちんとできなかった。小学校をやり直すので、自分は年をとらない」と宣言した。そのまま不登校になり、さらに徐々に年齢が下がると主張を始めた。

私は、時が逆に流れることはないことを本人に説得したが、納得をえることは困難であった。このような形の不登校は、高機能広汎性発達障害の他にはありえないのではないかと思われる。

このグループに生じる不登校は、学校に行きたいけど行けないという葛藤《かっとう》を抱える一般的な不登校とは異なって、登校を巡る悩みがほとんどない。この例のように、深刻ないじめ体験を抱えていて、学校という不愉快な場への参加を拒否するようになったという場合と、それ以前の集団行動への意欲がまったく存在せず「学校なんてつまらないから行かない」と登校を拒否するという場合とが多く見られるパターンである。

このグループへの不登校に対しては、「登校する気持ちになるまでゆっくり待ちましょう」という一般的な不登校児童への対応は、完全な誤りである。それどころか不登校を遷延化させてしまう。

被害的な対人関係が基盤となっている場合には、安全が確保された教育の場を提供することが何よりも大切である。知的には高くとも、このような場合、特別支援学級の活用が必要であることが多い。

また集団からの忌避が前面に出ている不登校の生徒には、より積極的な引き出しが必要となって来る。登校に対して、トークンエコノミー（適切な行動に対してポイントを与え、ポイントの定められた数に対してさまざまな特典を得る事ができるという行動療法的な対応方法）を用いることも有効である。

また彼らは知的に高くとも自閉症圏の子どもであるので、不登校児が集まる適応指導教室には合わないことが多い。人との交流はそれほど好きではなく、自由に友人と遊ぶということも大変に苦手である。

パソコンゲームは得意であるが、一般的なルールのあるゲームや球技はまったく参加できない。長い時間家庭に蟄居《ちっきょ》した自閉症圏の青年を社会に引き出すためには、大きなエネルギーが必要である。従って、このグループの不登校は、早期対応が原則である。

②統合失調症様状態

この群に幻覚妄想などの統合失調症類似の状態が認められる場合があることは以前から知られていた。例えばドナ・ウイリアムズが一時期幻聴があったことがその自伝に書かれている。しかしそのような状況に陥った青年について丹念に臨床像を検討すると、一見幻覚と思われる症状がタイムスリップによるフラッシュバックであるなど、その大半は自閉症圏の発達障害の病理で説明が可能であった。

〈表2〉に示した八名中で、確かに抗精神病薬が有効で、統合失調症の発症と考えられる青年が二名存在した。しかしそれ以外の六名に関しては自閉症独自の精神病理で説明が可能であった。臨床的にはむしろ統合失調症、あるいは統合失調症型人格障害と誤診をされた高機能広汎性発達障害の青年が、少なからず存在することの方がより大きな問題である。

高名な寡症状統合失調症（幻覚や妄想にかける陽性症状の乏しい統合失調症）として知られた症例報告を検討してみると、高機能広汎性発達障害と診断が可能な特徴を備えていることが明らかになるなど（杉山、二〇〇二）、これまで成人精神科臨床において、発達障害という視点が欠けていたために、この群が非定型的な、薬物の無効な統合失調症として見逃されてきた可能性は否定できない。

一三歳で精神病様状態に陥り、いじめっ子の幻聴、写真や教科書の少年の写真がすべてそのいじめっ子の少年の顔に見えると訴え、緊急介入をした高機能自閉症の少年である（杉山編の前出本、高橋美枝「A君の陥った幻覚と女性恐怖症」参照）。フラッシュバックの特効薬であるＳＳＲＩ（選択的セロトニン再取り込み阻害剤）を用いて、幻覚自体は急速に治まった。

ところがその後で治療者には予想外の、すべての女性への憎悪に転じてしまった。若い女性を見ただけでストーカーに思われると言い、「自分は今まで女にいじめられることが多かった。女性がいるからよくない」と言いだした。さらにこのころから彼は、ファンタジーの中で架空世界をつくり始めた。架空の平野に町をつくり、町にさまざまな名所をつくり、彼の長年の趣味である鉄道を引き、学校をつくり、その世界では彼は多くの友人に囲まれ人気者であるという。

彼は女性への憎悪から、殺人事件などで女性が被害に遭うと、「よかった」とまで言うようになった。そこで、治療的家庭教師を通して、彼に障害の告知をやり直してもらった。その結果、彼の女性への敵意は薄れるようになった。

ところがさらに第三ラウンドがあった。彼は高校に入学したころから「自分は父親に不当な扱いを受けてきた（これは困ったことに本当であった）、父親に報復する」と宣言した。そしてついに父親に刃物を向けるところまで行った。しかしその事件の後父子は和解し、彼は父親への報復の気持ちを捨て去った。

継続的に彼を支えてきた治療者の存在がなければ実際に悲劇が生じたかもしれない。最近になって、彼のファンタジー世界の中に非常に現実的な近未来が語られるようになった。彼は三〇歳前後のサラリーマンで、妻子がおり、アパートで幸福に暮らしているという。現実からの逃避のみに機能していた彼のファンタジーは、実現可能な目標にまで接近して来たのである。

③解離性障害

筆者は最近になって、高機能広汎性発達障害に解離性障害がまれならず生じることに気づくようになった。

この群に普遍的に認められるファンタジーへの没頭と解離との間には連続性があり、また彼らの一部は過敏性から自己を守るために、意識モードを意図的に切り替える術《すべ》を身につけている者が存在する。中にはまれではあるが多重人格に発展した例もある。解離に気づかれず問題がこじれた具体的な症例を紹介する。

初診時八歳の児童である。幼児期から対人関係は希薄で、親から平気で離れた。興味の限局が著しく、幼児期は車、その後恐竜、受診前後には特定の生物（亀など）に著しい興味を示し、該博な知識をもっていた。幼児期から何を考えているのか分からない子であったという。母親への後追いは三―四歳ころには見られたと言うが、その当時でも外出時に見失うことはしばしば生じ、母親が必死で探すと、見ず知らずの大人に向かって、にこやかに自分の興味の話題を語っていたという。身辺自立は前進と後退を繰り返した。

このような状況の中で、母親はしばしば強い叱責《しっせき》を加えるようになり、虐待と言わざるをえない体罰を行うようになった。保育園でも孤立状態で、集団行動は困難であった。友人に対する拒否はないが、深い付き合いもなかった。

このころから母親は、妹と比較をしてもどうも普通の子と違うのではないかと感じるようになり、病院にも受診したがすべて「母親の気のしすぎ」「あなたの子育ての問題」と言われたという。

入学後、着席はかろうじて可能で、教師の指示にもおおむね従えていたが、友人からは孤立し、いつも図鑑などを読んでいた。また嫌いな科目の授業には着席はしているものの参加せず、目を細めてぶつぶつと言っていることが多かったという。

このころから家庭では、しつけが一向に進まず、母親が子どもに対して怒りを押さえられないことが多くなった。特に夜尿に対して、母親は「しからないからちゃんと教えて洗濯に出して」と言っていても、寝具をぬれたままたたんでしまうことを繰り返し、さらに布団を敷いた上でおやつを食べ、残りかすをそのまま布団の中にたたみこんでしまうこともあった。

逆上した母親がこの子の首を絞めたことが何度かあるという。母親は学校の教師にも相談したが、「お子さんは成績がすごく悪いわけではない。彼以上の問題児がクラスに大勢いる」「心配しすぎるお母さんの方がおかしい」といったことばをかけられるだけであった。

彼は我々の小児センターを受診した。彼を診察をしてみると、典型的なアスペルガー症候群の児童であった。

さらに、継続的な治療をしてみて明らかになったのは、この子が記憶の不連続をもつことである。母親の怒りの原因になる毎日の生活上の問題について子どもと対応策を話し合い、単純なルールを定め、トークンエコノミーによる行動療法を試みたが、次の外来でカードを確認すると、まだら状の実行であることをくりかえした。また夜尿に対して薬の処方を行ったが、母親が強いて飲ませる日以外は服用しなかった。

前回の話し合いについて確認を行うと、その子は断片的な記憶をもっていた。そのことを指摘すると「ぼくはよく忘れちゃうのかな」と初めて気づいた様子であった。また容易にファンタジーに没頭して、周囲の出来事から意識を切り離す技を有していることも明らかとなった。

この症例は高機能広汎性発達障害に虐待が絡んでいる。この子の馬耳東風といった様子に、母親はいらだちを募らせ、しつけが虐待に転じていった。いつころからか明確ではないが、少なくとも小学校入学前後までに子どもは解離性障害を併発するようになり、記憶の不連続が生じ、そのことが母親との約束の不履行を再三招き、さらに虐待がエスカレートするという悪循環をつくり出していたのである。

実は高機能広汎性発達障害に解離性障害が見られることはまれではない。健常者であれば解離に属する自己意識の変容状態と一般的な意識状態との間の敷居が、高機能広汎性発達障害においては著しく低く、むしろこのような意識状態の変容自体が、高機能広汎性発達障害においては発達の過程と見る必要もあるのではないかと考えられる。

さらに筆者は最近、ある学童期の自閉症について次のような報告を受けた。

母親によればこれまでパニックを起こして不適応が非常に強かったが、学校で問題なく着席をするようになった。しかし同時に学習の成果が上がらなくなったという。授業中の様子を訪ねると、目を細め、口の中で何かを言っているという。

この症例は高機能群ではないが、先に述べた八歳の高機能児が学校で示していたのとまったく同じ状態である。自閉症圏の児童における状況理解の不良さに対して、我々は解離性障害の併発を疑ってみる必要があるものと考えられる。

④強迫性障害

強迫性障害は、自閉症圏の障害のこだわり行動や同一性保持行動、またチック障害などとの連続性が認められ、どの時点から強迫性障害の併発と考えるべきか不明な場合が多い。しかしながら不適応が高じた場合に、この群の青年がしばしば取る防衛機制は強迫の強化であり、不適応と強迫とが悪循環をつくり、高機能といえども強度行動障害となることもある。

今回の調査で、このグループと診断された児童青年が一・七パーセントと少ないことは、少なくともフォローアップをしている高機能広汎性発達障害児・者において不適応レベルがそれほど高くないことを示しているのではないかと思われる。

⑤触法行為

これまで自閉症圏の発達障害は、犯罪という点に関しては圧倒的に被害者であって、加害者となった例は非常にまれと考えられてきた。しかし最近になって主として高機能群、特にアスペルガー症候群の中に犯罪を犯した症例の報告が少数ながらなされるようになった。

ウィング（一九八一）は、かねてから薬物に興味がある高機能児が、悪意なく実験的に友人に薬物を服用させた例を報告した。モーソンら（一九八五）は五名の放火と一名の殺人を犯したアスペルガー症候群の症例があったことを報告したが、後者の殺人の例は、恐らく実験として殺人がなされたと記している。バロン・コーエン（一九八八）は二一歳のアスペルガー症候群男性が七一歳の女性を殺害した例を報告した。またハウリン（一九九七）は一三歳のアスペルガー症候群の男児が、理由なしに八五歳の老女を殺した例を記載した。それ以外にもユナボーマー（ユタ州の無差別爆弾犯）がアスペルガー症候群であったという新聞報道などがなされているが、現在まで、国際雑誌に掲載された殺人の報告は、この三例のみである。

しかるに近年、わが国において、高機能広汎性発達障害の犯罪を巡る報道がしばしば見られるようになった。「人を殺す経験がしたかった」と述べたと伝えられる豊川での主婦殺人事件は社会に大きな衝撃を与えた。我々の知る限りでもこの数年間の間に八例以上の高機能広汎性発達障害の診断を受けた殺人事件がわが国で生じており、また、強制わいせつなどの犯罪を犯した高機能広汎性発達障害の例が、わが国において報告されるようになった。

特に注目されるのは、家庭裁判所調査官の長年の経験をもつ藤川（二〇〇二）が、このグループの犯罪について従来の矯正の手法では対応困難であると指摘している点である。このグループは、自閉症圏の障害であるために、通常のカウンセリングのみでは内面に踏み込むことが著しく困難であることは想像に難くない。

高機能広汎性発達障害が全体として犯罪に絡むわけではないことは言うまでもない。筆者らは継続してフォローアップを行って来た高機能広汎性発達障害の児童青年に関しては、触法行為は極めて少ないとこれまで考えてきた。しかし我々の小児センターで多くの新たな症例に出会ってみると、その中に触法行為に至った高機能児・者が散見され、犯罪に至るリスクがあることも否定できない事実と考えるようになった。

　症例の中にはすでに成人年齢のものも含まれているが、触法行為として一括して扱うこととし、このうち複数回触法行為を行い行為障害と診断されたもの、あるいは犯罪を犯し警察に逮捕されたものは計一六名（四・五パーセント）であった（表3）。

　その内容はストーカー行為、強制わいせつ、被害念慮に基づく暴行、放火など多岐にわたっている。七歳女児以外はすべて男性である。筆者の知る限り、これまで報告された触法行為の症例はすべて男性であり、母集団における男性優位を考えても触法行為に関しては男性に多いのではないかと考えられる。

　診断的な下位分類では高機能自閉症や高機能のPDDNOSも見られるが、アスペルガー症候群が多い。一見障害が軽微であるものの方が、障害の存在に気づかれる機会が少なく、診断年齢が遅れるためではないかと思われる。触法行為までは未診断のものが大半であるが、小学校入学以前に診断を受け、

#	性別	年齢	診断	非行・犯罪内容	備考
1	男	5	PDDNOS	子うさぎを踏み殺す	虐待
2	女	7	PDDNOS	人のものを持ってくる	
3	男	8	アスペルガー症候群	万引き、衝動的乱暴	虐待
4	男	8	アスペルガー症候群	万引き、お金の持ち出し	虐待
5	男	9	PDDNOS	万引き	
6	男	13	高機能自閉症	お金の恐喝	
7	男	13	アスペルガー症候群	放火、乱暴	虐待
8	男	15	アスペルガー症候群	お金の持ち出し、万引き、放火	不登校
9	男	15	PDDNOS	下着の窃盗	虐待
10	男	15	アスペルガー症候群	万引き、乱暴、家出	不登校
11	男	17	アスペルガー症候群	強制わいせつ	
12	男	18	アスペルガー症候群	お金の持ち出し、親戚の家から窃盗	
13	男	18	アスペルガー症候群	下着の窃盗、隣家への忍び込み	緘黙
14	男	20	アスペルガー症候群	ストーカー行為にて逮捕	不登校
15	男	21	高機能自閉症	幼児の隠し撮り、下着の隠し撮り	
16	男	24	高機能自閉症	暴力行為	

〈表3〉触法行為を繰り返したグループの一覧

療育を行った者も三名に見られた。また虐待の既往のあるものが五名、不登校が三名、緘黙が一名に見られた。

比較のために対照群を抽出した。年齢が大きく広がっていることと、非触法行為群との間の数が大きく離れているために、同年齢、同性、同下位診断で、できるだけＩＱの近い者をフォローアップ症例の中から選び、同数の対照群を抽出した。なお同程度の候補が複数存在するときは、ランダム抽出を行った。触法行為群と、対照群との比較をしてみると、当然ながら年齢の差はなく、知能指数は触法行為群が平均九七・二±一五・三に対し対照群は九四・四±一〇・三と有意差（統計学の検定により平均の差が偶然のばらつきと判定されること）はなかった。

一方、現在の適応水準を計る機能の全体的評価尺度を見ると、触法行為群が平均五二・八±五・八と著しく不良なのに対して、対照群は七一・三±七・三で〇・一《パーセント》水準の有意差が認められ（このような差が偶然に生じる可能性は、千回に一回の確率でしか生じないという意味。つまり偶然の差ではないということ）、触法行為群の適応水準が著しく不良であることがわかった。

また早期診断を受けていた者について比較をすると、触法行為群では三名であったが、対照群では一三名で一《パーセント》水準の有意差（同じく一〇〇回に一回の確率でしか生じないという意味）が認められ、触法行為群では早期診断を受けている者が有意に少ないことが明らかとなった。ただし、一八歳以上の者を比較すると、早期診断、早期療育の割合は両群とも四割と差は認められなかった。

治療的な対応による変化を見ると（表4）、一三歳までの七名では再犯はなく、受診後の適応が改善されていたが、一五歳以上の九名ではうち六名に再犯が認められ、短期間の治療では成果をあげることが困難であることが示唆された。他の要因と比較してみると、一五歳以上で触法行為の再犯がなかった三名中二名は早期診断を受けており、早期から療育を受けた者については、触法行為があっても速やかに

#	性別	年齢	早期診断	治療手技	再犯	その後の適応
1	男	5	−	精神療法	−	良好
2	女	7	−	薬物療法・精神療法	−	改善
3	男	8	−	入院治療	−	良好
4	男	8	−	入院治療	−	改善
5	男	9	−	薬物療法・精神療法	−	良好
6	男	13	＋	精神療法	−	改善
7	男	13	−	薬物療法・精神療法	−	改善
8	男	15	−	薬物療法・精神療法	＋	不変
9	男	15	−	薬物療法・精神療法	＋	不変
10	男	15	−	薬物療法・精神療法	＋	改善
11	男	17	−	薬物療法・精神療法	−	良好
12	男	18	−	薬物療法・精神療法	＋	不変
13	男	18	＋	精神療法	−	良好
14	男	20	−	薬物療法・精神療法	＋	不変
15	男	21	＋	薬物療法・精神療法	−	不変
16	男	24	−	薬物療法・精神療法	＋	不変

〈表４〉治療とその後の転帰

改善されることが示唆された。

行為障害や犯罪を生じたこれらの症例を見ると、共通項となっているのは未診断、未治療で、変わった子と考えられ、非社会的行動を巡って発達障害の存在に気づかなかった家族との間に強い葛藤と緊張があり、周囲から孤立している状況である。

一つのパターンは家族が子どもに対して行動修正を放棄してしまい、広義のネグレクトのような状態の中で非社会的な行動の修正がなされることなく経過し、最初の大きな問題行動が非行行為として噴出し、ここで発達障害の存在に気づかれるという場合である。

もう一つは未診断、未治療、家族との葛藤の部分は共通しているが、集団教育の中で激しいいじめを受け続け、敵対的、迫害的な対人関係が固定した中で青年期を迎え、対人的な触法行為につながるというパターンである。加えて不登校や心気症を生じるなど全体的な適応状況が著しく不良になった中で、触法行為に至っているのである。

対象のうち四・五パーセントという触法行為の発生率は、言い換えれば九五パーセントまでの高機能広汎性発達障害の児童青年は犯罪とは無関係ということである。触法行為を生じる症例の適応が非常に不良で、孤立の中にあることを通して、逆に実感されるのは、同じ仲間どうしで支え合うことの重要さである。

高機能者の犯罪は、まれではあるものの、生じたときには非常に共感が困難な突き抜けた犯罪となることが大きな問題である。わが国で、高機能広汎性発達障害による重大な犯罪が最近になって比較的多く生じていることは、このグループに対する療育、教育が立ち後れていることの何よりもの証拠である。

刑法の強化をしたところで、このグループに有効性があるとも思えない。一般的な矯正では歯が立たないことは、藤川の指摘にある通りである。高機能広汎性発達障害の早期診断と治療的な介入ができるシステムをつくることが、このグループによる突き抜けた犯罪へのもっとも優れた対策になるものと考えられる。

青年期高機能広汎性発達障害の適応状況

青年期の適応を巡る問題に関して検討するために、〈表1〉に括弧で示した一八歳以上の青年成人に関して検討を行った。このグループは平均年齢二三・九±六・九歳、男性三一名女性九名である。

全対象に比較したときにPDDNOSの診断の者が少ないが、これは彼らの幼児期にいまだ高機能広汎性発達障害の下位診断が確立していなかったことが大きく影響をしているものと考えられる。このグループの現在の状況を〈表5〉に示した。

大学・大学院生の中に、一名情報系の大学院博士課程に在籍する男性がいる。その他の学生は予備校に通う一名をのぞけば、高校卒業後に専門学校に入学し、学んでいる者である。企業就労者に関しては、後に詳しく取り上げる。

アルバイトのうち一名は、通信制の高校に通いながら週二日程度のアルバイトに通っている。もう一

〈表５〉18歳以上の対象の現状　（N=40）

	大学・大学院	その他の学生	企業就労	アルバイト	福祉作業所	主婦	在宅	合計
男性	4	3	14	2	2	0	7	32
女性	1	1	1	0	1	4	0	8
計	5	4	15	2	3	4	7	40

人は、週四日のアルバイトで、まもなくフルタイムの就労に就く予定である。福祉作業所に通う者は三名である。うち一名は、大学を出ているが奇異な対人関係のために就労に何度も失敗し、また容易に被害念慮を生じるため、現在はかろうじて福祉作業所に通う状況となっている。

主婦四名は、いずれも子どもが高機能広汎性発達障害であり、子どもの受診に際して、自らの問題に気づき、継続的な治療を行うに至った者である。

一名を除き就労した経験をもっているが、現在の適応をみると、治療開始後に速やかに良好な状況となり、パートなどに通うことができるようになった一名を除くと、残り三名は現在も精神科的症状が継続し、強力な治療とサポートを要する状況である。この四名中、二名に境界性人格障害、一名に対人恐怖の診断が過去に下されていた。高機能広汎性発達障害の母子例については後述する。

在宅の七名のうち二名は触法行為があり、うち一名は触法行為によって失職をしている。在宅のうち四名は長期にわたる不登校の既往をもつ。このうち一名が統合失調症、一名がうつ病と強迫性障害、一名が著しい心身症の併存が認められ、これらの精神科疾患によって現在の社会的適応は極めて不良な状態となっている。

就労者の詳細な一覧を〈表6〉に示した。このうち就労者障害者雇用として就職した者は五名である。それ以外に、知的に高く障害者雇用としてのカウントの対象には本来ならないが、障害者職業センターのサイドで障害者と同等の対応を行うという判断を下して継続的な相談を行い、職場の紹介またジョブコーチ派遣など強力な就労援助を行った者が三名いる。一五名中一一名までが工場勤務である。

学歴のところで矢印で示しているのは、小学校、中学校の間に普通学級から特殊学級、あるいは特殊学級から普通学級に移動したことを意味する。例えば#1の青年は、中学一年生まで特殊学級で過ごし、二年生から普通学級に戻り、その後、普通高校を卒業し就労している。「高養護」と記したのは、養護学

#	年齢	性別	診断	早期診断	仕事の内容	併存症	学歴
1	18	男	高機能自閉症	＋	工場勤務		小中特→中普通、高普通
2	18	男	高機能自閉症	＋	工場勤務		小普通→特、中特、高等養護
3	18	男	高機能自閉症	＋	販売店		小中特、高養護
4	18	男	高機能自閉症	＋	工場勤務	解離性障害	小普通→中特、高等養護
5	20	女	アスペルガー症候群	−	工場勤務		小中普通、専門
6	21	男	高機能自閉症	−	工場勤務		小中普通、専門
7	21	男	アスペルガー症候群	−	工場勤務		小中高普通、専門
8	23	男	高機能自閉症	＋	工場勤務		小普通、中特、高等養護
9	23	男	アスペルガー症候群	−	工場勤務		小中高普通、大学
10	23	男	高機能自閉症	＋	工場勤務		小中高普通
11	25	男	アスペルガー症候群	−	郵便局		小中高普通、専門
12	26	男	高機能自閉症	＋	工場勤務		小中特、高養護
13	29	男	高機能自閉症	−	工場勤務		小中高普通
14	33	男	アスペルガー症候群	−	専門職（医師）		小中高普通、大学
15	41	男	アスペルガー症候群	−	専門職（医療系技師）	うつ病、解離性障害	小中高普通、専門

〈表6〉企業就労者の一覧

校の高等部を卒業したという意味、「高等養護」とは高等部だけの職業訓練を集中的に行う養護学校を卒業したという意味である。

専門職についている者が二名おり、一名は医師、一名は医療系の技師として病院に勤務している。これらの対人関係の専門職での職場における評価はあまり高くない。しかしこの一五名は、いずれもまじめに仕事をこなしている点においては高い評価を受けていた。

四〇名中、独立した生活を営んでいる者は就労者三名、作業所一名、主婦四名で計八名（二〇パーセント）であった。結婚している者は主婦の四名と専門職で働く一名の計五名（一二・五パーセント）であった。この五名がいずれも子どもをもうけ子育てを行っていた。

〈表7〉に四〇名に関する全体的な転帰を示した。良好に属する者が四三パーセントであるが、同時に不良と判定される者が二七パーセントも存在する。下位診断と転帰との相関であるが、PDDNOSが二名と統計学的な処理に乗らないため、自閉症と非自閉症の二群分け

〈表7〉全体的転帰と下位診断（N=40）

	良好（%）	準良好（%）	不良（%）	計
高機能自閉症	12（60%）	4（ 20%）	4（20%）	20
アスペルガー症候群	5（28%）	6（ 33%）	7（39%）	18
PDDNOS	0	2（100%）	0	2
計	17（43%）	12（ 30%）	11（27%）	40

%は各診断内での割合を示す

〈表8〉全体的転帰と診断を受けた時期

	良好（N=17）	準良好（N=12）	不良（N=11）	計（N=40）	
小学校入学前までに診断	8	4	2	14	*
中学校入学前までに診断	14	8	2	24	**

*有意差なし
**1%水準の有意差あり

を行ったが、何ら有意差は認められなかった（統計学による検定では偶然のばらつきと判定されたという意味）。

次に転帰と診断を受けた時期との比較を行った（表8）。小学校入学前までに診断を受けた者の割合は、良好、準良好、不良の順で高いが統計学的な有意差は認められなかった。しかし中学校入学前までに診断を受けた者の割合は一パーセント水準の統計学的に高い有意差（このようなばらつきは一〇〇回に一回の確率では生じないという意味）が認められ、小学校年代に診断を受けていた者の方が全体的な転帰は良好であることが示された。

ある企業就労青年の軌跡

ここに紹介をするのは、さまざまな困難の後に、就労を果たした高機能広汎性発達障害青年である。彼の就労までの軌跡を紹介する。

A君に始めて合ったのは、A君が中学二年生の時である。幼児期の様子を尋ねると、発達の遅れはなかったが、母親を目で追わず、人見知りがない、おとなしい赤ちゃんだったという。

三歳で保育園に入園したが、一人遊びのみで友人との交流はほとんどなかった。小学校ではいつも一人でいることが多く、友人との交流はほとんどなかった。集団で動くのが苦手で、教師からは「自己中心的で融通がきかない、自分勝手」と評価をされていた。

小学校中学年になると、A君は友だちが欲しいと思うようになり、子どもたちの中に入ろうとしたが、相手にされずむしろいじめられるようになった。教師からは誤解をされ、パニックを頻回に起こし、後から振り返ってもとてもつらい時期で、死ぬことも考えたという。その後、担任が変わり、荒れることは著しく減った。後に確認をすると、A君はこのころ、皆と友人になるためには目立てばよいと誤解をしていたらしい。

小学校高学年になると、学級委員に立候補し、児童会や行事の委員をいくつも買って出て、授業でも発言を何度も繰り返していた。また自分に納得がいかないと大声を出していた。

中学校では再び激しいいじめを受けるようになった。特にA君が周囲をかまわず大きな声で発言をすることが周囲から嫌われ、中でも音楽の時間にA君が音程をはずし大きな声で夢中に歌うことが「うるさい」「不快だ」とののしられ、しばしば暴力もふるわれた。

二年生になると彼を保護できないと、学校は音楽の時間に別の部屋で自習させる状態となった。筆者の元に初診したのはこの時点である。A君はアスペルガー症候群と診断された。

A君は会話はスムーズであり、また丁寧語もある程度は用いていて、対話者への配慮は十分に感じられるのであるが、こちらからみて、さ末な問題と思われることを繰り返し強調するなど、会話がかみ合った感じがなく、会話を続けることに疲れを覚えた。これは、本来は双方向の交流である会話の中で、話題の中心点が常にずれた状況で会話が続くために、対話者が疲れてしまうのではないかと考えられる。

さらにA君の治療を開始してみて分かったことは、これまで彼は「同級生と仲よくするためには、人の言うことを聞かなくてはいけない」という教師の助言に従って、同級生からジュースを買ってくれと言われればそれに応じ、下敷きを買って取り替えろと言われれば従っていたことである。治療者から応じなくてもよいと言われ、「やはりそうでしたか」とA君は述べ、次の機会に、「もうおしまい。今度は先生に言う」と彼が断った。しかしこのことから同級生からのいじめは激しくなった。

治療者は学校に対応を強く求める一方で、少量の安定剤の処方をし、また家以外では声を落として話すようにと、外来で練習を繰り返し行った。服薬によっていらいらは治まったが、このころから同級生の言動には敏感になった。何か言われたときに考え込んでしまい「クラスにいること自体がつらくて、からだが震えてしまう」と学校を休むこともたびたび生じるようになった。

新学年では学校側も配慮をしてくれ、A君は、このクラスなら薬なしでできると、服薬は頓服《とんぷく》で用いるようになった。

筆者はこの時点で、高機能広汎性発達障害の会である「アスペ・エルデの会」を紹介した。A君も母親も会に参加してみて、こんなに同じ仲間がいるのだと驚き、また安心をしたという。また古くからの趣味である鉄道や時刻表などについて、A君以上に詳しい者がいることに驚いたようであった。クラスでは大きなトラブルなく経過し、A君は受験勉強に打ち込み、志望校に無事合格した。

卒業文集では中学二年生のつらい体験にふれつつも「小学校のころは自分のことしか考えないわがままな人だった。自分は夢中になると周囲がまったく見えない状態で大声を出してしまう」と記した。

高校生になると、中学のような暴力的ないじめはないが、しばしばからかいの対象となる状態は変わらなかった。しかし目立つよりは静かに孤立している方が、それでも問題が少なく、友人も得やすいことをA君は体得したようであった。

しかし「アスペ・エルデの会」では高校生以上の青年たちによって構成される、アスペの会サポーターズクラブの集まりに積極的に参加し、会のメンバー同士で集まって遊びに行くようになった。

この交流の中でA君は、年長のメンバーに対しても慣れてくるとおまえ呼ばわりをしてしまうことを他のメンバーから注意されるなど、外来で継続して指導していた対人関係のもち方の実地練習ができたようであった。A君はつらいと言いつつも勉強に励み、無事に志望大学に合格した。

大学合格後は、自宅から遠方の都会で一人暮らしとなったが、自分のホームページをつくり、アルバイトに通い、大学では友人も多く、趣味の活動にも参加し、学業成績も優秀であり、充実した生活を送るようになった。また筆者がディレクターを務めていた地方のアスペ・エルデの会に遠方から出席し、時としてはサポーターズクラブの友人たちを誘って手伝いに来てくれた。

大学生活も後半になると、就職活動に明け暮れるようになった。しかし面接で落ちることが続き、四○社以上落ちた。大学卒業間際にやっと契約社員として仕事が決まった。しかし仮採用として働き始めた仕事は電話での営業の仕事で、一か月あまりで解雇になってしまった。やがて派遣社員として工場勤務の仕事が見つかり、彼は生き生きと働くようになった。

彼のよいところは、「アスペ・エルデの会」の先輩や友人との交流があったので、大学を出ていても現場の仕事に偏見がなかったことである。しかし一方で、筆者としては、情報系の大学を優秀な成績で卒業した彼には、適職ではなく、社会的な損失ではないかと考えざるをえない。少しの配慮さえ得ることができれば、もっと彼の能力を活かすことができる仕事に巡り会えるのではないかと残念に思うのである。今後A君がもっと彼の能力を活かせる仕事に出会えることを信じたい。

高機能青年のカウンセリング

高機能広汎性発達障害へのカウンセリングは、通常行われる力動的面接よりも、認知療法的対応が中心となる。広汎性発達障害においては、本人は全体の状況が分からないために、ごく一部の情報のみから判断を行うという認知の抜けや穴を多数抱えていることが一般的であるからである。これに特定の刺激への知覚過敏性が加われば、さらに手がかりとなる状況は限られたものとなってくる。

A君の場合、友人をつくるためには目立つ行動をとることが必要と誤解をしたことが、その後の問題のきっかけとなった。さらに、教師による「同級生と仲よくするためには、言うことをよく聞かなくてはいけない」という助言を字義通りに受け取り、無理に周囲に合わせることを繰り返していた。

高機能者の場合、コミュニケーションそのものも言語的には著しく困難な場合が少なくない。会話は多くの情報が錯綜し、双方向のやりとりが要求されるからである。

テンプル・グランディンのいう単車線によってしか情報処理が可能ではないために、ことばで聞いた内容はすべて後に再構成しないと把握ができなくなる。ドナ・ウイリアムズが自伝で述べている自らのカウンセリングの進め方である。面接には手紙による報告を加え、また言語的面接ではイントネーションをなくした声で、顔の表情を動かさずに語ることを治療者に求めた。これは了解できる内容である。

自閉症に接しなれた者は、このような注意事項を実行しているのが常である。同時に二つの刺激を出さないこと、不用意に身体接触をしないこと。ものをひっくり返すといった周囲から叱責が飛ぶような行動に関しても、いきなり表情を変える、あるいは不意の大声を出さないこと。これは一般的な面接の際に、治療者が患者の話を聞くときとは正反対の態度である。

さらにその上でも、正面から会話が困難である場合が少なくない。このような場合、高機能者ではむしろドナ・ウイリアムズが実行したように手紙を書いてもらう、あるいは外来ごとに相談内容を文章にして持ってきてもらうなど文を補助的に用いることが有効である。事例によっては、面接自体も筆談で、あるいはEメールなどを通してすべてを文章で行うことで初めて可能となる例がある。

親子アスペ問題

最近になって筆者が治療という面から注目をしているのは、親子とも高機能広汎性発達障害の事例である。先の〈表6〉では四名の主婦がすべてこの組み合わせである。父親—子どもという組み合わせが少なからず見られることは以前から指摘があった。

しかし最近になって、母親—子どもという組み合わせに複雑な問題を抱える例が多いことに気づいた。これは、母親が高機能広汎性発達障害というハンディキャップを抱えていれば、ネグレクトなどが生じやく、虐待の高リスクとなるので、当然なのかもしれない。このような事例では、親子を平行して治療することで優れた効果をあげることができる。

一一歳で初診した男児である。母親は子どものカンが強く、育てにくいこともあって、ストレスでずっと抑うつ的になっていたという。幼児期に親から平気で離れ、指示の通りが悪かった。地域の保健センターに相談し、二歳代から療育に通った。

三歳で保育園に通ったが、集団行動はまったく取れず、しばしばパニックを起こした。小学校は低学年は何とかトラブルなく通っていたが、三年生ころから教室からの飛び出し、着席困難が目立つようになり、四年生になると苦手な科目の学習を拒否するようになった。

学校や家庭でパニックを起こすことが増え、小学校六年生にて初診し、アスペルガー症候群と診断された。薬物療法を開始し、外来で学校でのトラブルに対する指導を開始した。また夏休みには、アスペの子たちを集めた入院しての短期対人関係集中トレーニングプログラムにも参加してもらった。

中学生年齢になると、養護学級と通常学級を使い分けて授業に参加するようになり、学習態度は今一歩であるが、パニックはほぼ消失した。

この母親は彼が幼児期に育児ストレスでうつ病になったと聞いていたが、彼の診断の過程で、同じ問題を自分も抱えていることに自ら気づいた。幸い祖母は健在であり、母親の生育歴をたどることができた。彼女は幼児期から、難しい子、しゃべらない子と言われていたようである。小学校では自分の興味に熱中し、友人はなく、動物とのみ交流をしていた。

中学校、高校では、同級生から激しいいじめを受けた。対人関係はますます苦手になり、十代の後半にクリニックを受診し、対人恐怖と診断されたことがあるという。結婚して子どもが生まれた後、子育てに苦労しながら今日まで来たという。母親も同じアスペルガー症候群と診断をされ、子どもと並行した治療が開始された。

抗うつ薬の服用で、置き去りにされるという反復性の悪夢が減少し、睡眠がとれるようになった。彼女はこれまで、人との会話で話している内容が理解できないことや、笑う内容が理解できないことに悩んでいた。カウンセリングの中で、「分からないことは聞く」という原則をたてた。さらに、人の話をメモする、会話の時にはゆっくり聞く、ゆっくり話すなどのさまざまな実際的な工夫を行うようになった。

治療を開始して一年あまりになるが、子どもの状態が改善したこともあって、抑うつは軽減し、パートの仕事に行くなど積極的になった。母親は「これまで何が何かよくわからないで悩んでいた。今はとても充実している」と笑顔で語るようになった。

筆者はこのような例を最近数多く経験するようになった。発達障害の治療は、要は障害の認知と新たな自己認識の手助けである。成人になって初めて診断を受けた事例を見ると、よくここまで何もなくという不適応事例と、なるほど経験を積んでいると実感させられる適応事例とに二分できる。

不適応事例はほとんどがうつ病など併存症をもち、被害的な対人関係を抱える事例も多い。このような事例では、障害の診断に対する受け入れは速やかである者が多い。つまり自己自身との関係修復は比較的容易であるが、他者との関係の修復は困難がつきまとう。

その理由は、他者との関係においては過去の迫害的な体験がタイムスリップによるフラッシュバックを起こし、容易に修正ができないからではないかと思う。さらに適応事例といえども強い生きにくさを覚えており、診断を受けたことで初めて自分とのそして他者との適切な付き合い方を知ったと述べる方が大半である。

このグループの不適応行動を防ぐためには何が必要か

知的な障害はなくとも自閉症圏の発達障害をもつ子どもであり、早期発見による早期療育が最も有効な治療となる。早期療育を受けた方が、そうでない方よりも青年期に至ったときの適応は明らかに良好で、また学童期におけるトラブル、青年期の精神科的合併症なども生じにくいことがあらためて示された。

幼児期においては、集団行動の練習と、養育者との愛着形成促進、学童期においては非社会的な行動の是正と学習の補助、またいじめからの保護が重要な課題となる。青年期においては自己同一性の混乱に対する対応、対人的な社会性の獲得、自立に向けた練習、職業訓練などが重要な課題である。

我々は高機能広汎性発達障害児・者の自助会「アスペ・エルデの会」をつくり、高機能広汎性発達障害へのさまざまな援助を行ってきた。現在この会はNPO法人となり、地域支援システムとして活動を行っている。

また「アスペ・エルデの会」では高校生以上の青年について「アスペの会サポーターズクラブ」という独自のグループをつくり、青年相互の交流を計ってきた。このサポーターズクラブは、青年期に至った彼らを支える上で大きな働きをした。サポーターズクラブは当初は、会のディレクターを務めていた我々が先導して集まっていたが、徐々に、自分たちだけで活発な交流をするようになった。

自分が学校の同級生とはどうも違っていることに悩み出す年齢において、同じ仲間との交流があることは、彼らにとって大きな支えとなるのである。しかしこの様な交流は、小学生、中学生年齢から親しい交流があるもの同士が、共に青年に成長するということが必要で、いきなり青年を集めてもこのような支え合いは困難であるようだ。

以前、なぜ筆者が不登校や非行をはじめとする問題行動はこのグループにおいて非常に少ないと考えてきたのかというと、これまでの筆者の臨床経験が、高機能児のグループ「アスペ・エルデの会」に属している児童・青年を基盤にしていたからであると今になって思い当たる。

発達障害によって変わる教育と医療

発達障害は専門家が少なかったこともあって、どちらかといえば教育においても医療においてもこれまであまり重視されてこなかった。しかし軽度発達障害の登場によって、一挙に教育も福祉もそして医療も変革を迫られる状況となった。

筆者があいち小児センターで働き始めて最も驚いたことの一つは、これまで情緒的な問題と考えられてきた問題における発達障害の併発率の高さであった。我々の小児センターは虐待治療センターとしての役割も担っているが、受診した被虐待児の実に五三パーセントに、何らかの発達障害が診断された。また不登校の三二パーセントにも、何らかの発達障害が認められた。

精神科臨床や臨床心理の現場では、さまざまな問題を発達障害という視点から見直す必要が生じるようになった。成人精神医学や臨床心理学において、幼児期の発達を丹念にたどるという習慣をこれまでもたなかった。

そのために多くの事例において、発達障害の存在を見逃していた可能性がある。成人になって診断された高機能広汎性発達障害の事例に過去につけられていた診断名は、うつ病、統合失調症、境界性人格障害、強迫性障害、対人恐怖、てんかん、摂食障害など多岐にわたる。どうやら発達障害という視点からの診断学体系の見直しが必要なのである。

スクールカウンセラーも大きな改変が求められている。これまでは情緒障害としての不登校のみに研修が偏っており、発達障害の知識と経験が欠落していた。現在、スクールカウンセラーは、発達障害に対応できるか否かによって、役に立つかどうか決まるとまで言われるようになった。

実際、学校で問題行動を多発させている子どもたちの中には、発達障害か、あるいはその上に情緒的な問題が発展した事例が少なくない。むしろ過半数を占める。教師がすべて発達障害に関する最低限の知識をもつことが必要とされる時代がすでに来ているのである。

専門家を地域で育てる

さて発達障害の臨床ができる専門家、特に専門医が著しく少ない状況にあることは先にも触れた。発達障害者支援法が制定されたので、この状況に対する改善策が具体化されることになるが、現在の状況はごく少数の専門医のところに多くの患者が殺到し、そのような専門機関では、長期の新患の待機を抱える状況である。軽度発達障害の高い罹病率を考えると、すべての子どもをこのような専門医療機関で継続的な診察を行うことは現実的な対応とは考えにくい。

このようなわが国の状況に対して筆者がいつも思うのはH先生の存在である。H先生は現在、北陸のF市で開業をされている小児科医である。先生のご専門は本来はアレルギーと伺ったが、県の療育センターに赴任され、数多くの子どもたちと出会い、子どもたちから学ばれる中で、わが国有数の障害児の専門家になられ、F県のアスペ・エルデの会の結成を始め、注意欠陥多動性障害、学習障害の専門家としてさまざまな活動を行っていらっしゃる。専門医が身近に存在しないという地域からの声に対して筆者がいつも思うのは、その方々の地元に、専門医を育てることができないだろうかということである。

小児科医か、精神科医で、あまり威張ったりすることがなく、サービス精神が旺盛で、子どもや障害児を嫌うことがない医者が身近にいたら、その人の所に、学校や保育園で困っている子どもを集中して受診させるのである。専門医といえども最初から専門家なのではない。初めの百人ぐらいは首をひねるような指導になるかもしれない。

だが子どもたちの成長とともに、医者もまた学び、成長をしてゆく。徐々に診断や指導が的確となり、子どもたちが青年期を迎えるころには、そのお医者さんもまた地域の専門家として独り立ちができるようになって行く。それぞれの地域に、第二のH先生を育てていただきたい。それでなくては、数多い子どもたちを十全にカバーすることは不可能である。

特別支援教育と特別支援教育コーディネーター

今後の学校教育において、高機能広汎性発達障害をはじめとする発達障害の教育に深くかかわることとなる特別支援教育コーディネーターについてここでふれておきたい。これまで学校で、コーディネーター役を担ってきた職種は、一つは教頭であり、一つは養護教諭であった。前者が保護者との、後者が医療とのコーディネーターとして働いてきた。

さて特別支援教育コーディネーターは、発達障害の教育を巡るコーディネーターであるために、保護者との関係調節も必要であり、また市町村の教育センターレベルではなく、医療機関をはじめとする地域の専門家との連携の役割も必要となってくる。

つまり、発達障害の教育と治療に関するある程度の知識のみならず、学校の中においてある程度の役割と力をもつことが必要となる。これまで特殊教育担当教師が、それだけ重みのある存在として学校の中で認められていた例がないではないが、それほど一般的ではないであろう。

筆者が考える対応システムは、特別支援教育主事の創設である。特別支援教育の担当者は必ず複数とし、そのうち一人には教務以上の責任と権限を与える。現実に過去一年間に、学校で教頭が対応に走ることが要求された事例で、発達障害が絡んでいる例を数えてみていただきたい。間違いなく過半数を超えるであろう。特別支援教育コーディネーターは役職として位置づけない限り、機能することは困難である。

もう一つ、コーディネーターの役割について言及したい。その最も重要な役割は問題のレベルを決めることにある。学校が抱える問題には実は四つのレベルがある。

第一は、担任教師の努力によって解決が可能なレベル。第二は、学校全体の協力体制を構築することによって解決可能なレベル。第三は、学校外の専門家――例えば医療機関などとの連携によって初めて解決可能なレベル。そして第四のレベルの問題とは、外部の専門家の協力を得ても、解決が困難な課題や状況である。第四のレベルの児童生徒の場合には、現在在籍する学校での教育は困難であり、教育自体を一時期、あるいは長期にわたってこれまでとは違った枠組みを提供する必要がある。学校ができることを最大限行うことは必要であるが、できないことをできないと言うこともまた必要である。

このささやかな一冊が、前著と同様、現場で苦闘する先生方の、さらには子育て真っ最中の保護者の方々の、そして高機能自閉症あるいはアスペルガー症候群と診断を受けられた当事者の方々の一助になれば幸いである。

ＡＤＨＤとＬＤと、どこが違うか

浅井朋子（あいち小児保健医療総合センター 心療科医長）

なぜ診断が混乱するのか？

二〇〇二年に文部科学省が発表した『今後の特別支援教育の在り方について』の中間報告の中で「知的発達に遅れはないものの、学習面や行動面で著しい困難をもっている」と担任が回答した児童生徒の割合は、六・三パーセントにも上った。この中には、高機能広汎性発達障害や注意欠陥多動性障害（ＡＤＨＤ）などの軽度発達障害の子どもたちが含まれており、

四〇人のクラスであれば、二、三人程度は特別な支援を必要とする子どもがいることになる。

彼らに適切な援助をするには、問題点を適切にとらえ、整理し、対応に結び付けることが必要であり、そのためには、正しい診断が不可欠である。しかしながら、高機能広汎性発達障害をはじめとする軽度発達障害は比較的新しい概念であるため、社会的認知度も低く、専門家の間でさえ、いまだにさまざまな混乱が見られる。

まず最初に、具体的な事例を見ていただこうと思う。

A君を巡るさまざまな診断

A君は、周産期異常なく出生し、運動発達も正常であった。始語が一歳八か月とやや遅れがあったため、保健センターのフォローアップ教室に通ったが、二歳六か月で二語文が言えるようになり、三歳過ぎにフォロー終了となった。乳児期はおとなしく手のかからない子だったが、一歳三か月で歩くようになると、多動が目だつようになった。

三歳で幼稚園に入園したが、集団行動がとれず、ほかの子どものおもちゃを取り上げたり、突き飛ばすといった行動が見られた。また、ミニカーや積み木を一列に並べたり、迷路作りに熱中した。

小学校の通常学級に入学したが、授業中に教室から抜け出す、床に寝そべる、ぼうっとして教師の話を聞いていないなどの行動があった。国語や算数の文章題が苦手で、一年の担任からは学習障害（LD）ではないかと言われた。また、遊びのルールを守らない、当番をさぼることから級友とのトラブルが絶えず、三年生の時に、担任に勧められて小児科を受診した。ADHDと診断され、薬の処方も受けたが、明らかな効果は見られず、中止となった。

四年生の後半になって友人とのトラブルがエスカレートし、登校を渋るようになったため、専門クリニックを受診したところ、アスペルガー症候群と診断された。複数の異なった診断にとまどった両親は、セカンド・オピニオンを求めて、我々のあいち小児センターを受診した。

初診時に行った児童用ウェクスラー式知能検査第三版（WISC—Ⅲ）では言語性知能一一一、動作性知能九六、全知能一〇四で知的には正常範囲に属するものの、下位項目に大きなばらつきがあった。

この例に限らず、ある医療機関ではADHDやLDと診断され、別の所ではアスペルガー症候群と診断されるといったことがしばしば起こる。

このような診断の混乱が生じる原因の一つは、診断基準そのものにある。これらの軽度発達障害の概念は、子どもの問題を異なった視点から見ている。例えば、精神遅滞という概念は子どもを全体的な認知能力という視点から評価している。

これに対して、子どものもつ問題を、社会性やコミュニケーション能力の視点から見たものが広汎性発達障害、行動面に焦点を当てたものがＡＤＨＤ、学力に注目をしているのがＬＤと言える。従って、一人の子どもをそれぞれの異なった視点から見た場合、複数の診断がつくことは十分ありうることである。

さらに現在、世界的に用いられているＤＳＭ―Ⅳ、世界保健機関作成「国際疾病分類第十版」（ＩＣＤ―10）は、共に症状の有無によってなされる操作的診断基準であり、機械的に診断基準に当てはめた場合、同じ子どもが、広汎性発達障害の診断基準もＡＤＨＤの診断基準も満たすということはよく見られることである。

複数の診断基準を満たす場合、どちらを優先させるのか、あるいは診断が併記されるのかにはルールがある。例えば、広汎性発達障害とＡＤＨＤの両方の基準を満たすときには、広汎性発達障害が優先される。広汎性発達障害とＬＤ、ＡＤＨＤとＬＤは、診断の併記が可能である。どちらの問題がより深刻であるかによって、診断の優先順位が決まると考えてよいだろう。

先ほどのＡ君の事例を検討する前に、高機能広汎性発達障害、ＡＤＨＤ、ＬＤの概念と鑑別のポイントについて、簡単に述べておく。

高機能広汎性発達障害とは？

広汎性発達障害は、自閉症と同質の社会性の障害を主な症状とする発達障害の総称である。この中には、自閉症、アスペルガー症候群、レット障害、小児期崩壊性障害、非定型自閉症の五つの障害が含まれる。またこのうち、知的障害を伴わないものを高機能広汎性発達障害と呼び、アスペルガー症候群、高機能自閉症、高機能の非定型自閉症の三者が含まれる。

アスペルガー症候群と高機能自閉症の相違は、幼児期に明らかなことばの遅れがあったもの（始語が二歳以降、二語文が三歳以降）が高機能自閉症、なかったものがアスペルガー症候群で、両者に生じる問題に本質的な相違はないと考えられるため、同一のものとして扱ってよい。

高機能広汎性発達障害と言っても自閉症の仲間であることには違いなく、①社会性の障害、②言語・コミュニケーションの障害、③想像力の障害とそれに基づく行動の障害という、広汎性発達障害の三つの基本症状をもっている。

社会性の障害は幼児期早期には、呼ばれても振り向かない、視線を合わせない、母の後追いをしない、興味のあるものの方へかってに走っていき、迷子になるなどの行動として見られる。

幼児期後半から学童期にかけては、友人との対人関係トラブルが目だってくる。彼らは集団行動やルールのある遊びが苦手で、興味のない授業のときは教室から出て行ったり、床に寝そべるなどの行動をとる。

また彼らは、自分の行動や言動が相手にどう受け取られるのかについての視点がもてず、相手の表情や意図、場の雰囲気を読み取れないことから、人へのかかわり方が一方的なものになってしまい、クラスの中で浮いて、いじめのターゲットになることも多い。

言語・コミュニケーションの障害は、自閉症では、まずことばの発達の遅れとして現れる。前述したように、正常発達に比べて一歳程度の遅れが見られる。ことばが出てきてからも、オウム返しだったり、疑問文で要求するといった独特なことばの使い方が多い。また、ことばが伸びてきた自閉症児や、もともと明らかなことばの遅れがないアスペルガー症候群の子どもたちにも質的なことばの異常が認められ、幼児期には、コミュニケーションのとり方が一方的で、会話にならないという訴えが多い。

学童期になると、かなり難しい語いを使って話すのに、例えや冗談、反語表現が分からない。また、相手の言ったことを字義どおりに受け取ってしまうという問題が認められる。体育の時間に土を触って遊んでいたのを先生にとがめられて、「そんなに砂が好きなら、砂場へ行って遊んでいなさい」と言われて、そのとおり砂場へ行ってしまった例や、スパゲティをゆでていた母に、「トイレに行っている間、ちょっとおなべを見ててね」と言われた一二歳の女児が、吹きこぼれているなべを、ただ見ていたというエピソードがこれにあたる。

想像力の障害と、それに基づく行動の障害の典型的なものがこだわり行動である。幼児期早期には、自己刺激行動、いわゆる感覚遊びとして現れる。くるくる回ったり、横目で見たりといった行動が見られる。

三歳以降になると、特定の物に対するこだわりが出てくる。数字、アルファベット、自動車や電車の種類、時刻表、ロゴマーク、道路標識といったカタログ的な知識に興味を示すようになり、次いで、順番や道順、物の位置、就寝前や外出前の一定の儀式行為といったものへのこだわりに発展する。

幼児期後半から学童期になると、何度も同じことを聞いてくる質問癖や確認癖、ファンタジーへの没頭が見られるようになる。ファンタジーへの没頭は中学生ごろまで続き、その内容は好きなアニメのキャラクターだったり、ゲームやビデオの場面だったりするが、その世界に浸ってひとり言を繰り返すため、幻覚妄想があるかのように誤解されることもある。

注意欠陥多動性障害とどう違うのか?

ＡＤＨＤは、不注意・多動性・衝動性という三つの症状が、二つ以上の状況（例えば、学校と家庭）で六か月以上続いた場合に診断される。また、七歳までに症状が存在していること、社会的不適応を来していること、統合失調症、広汎性発達障害などの他の精神疾患ではないことなどの条件がある。

一歳前は、むしろおとなしくて手のかからない子という場合も多いが、一歳を過ぎて歩くようになると、多動が目だってくる。また、ことばの遅れがある場合も多く、一歳六か月健診でチェックを受けることもよくあるが、自閉症などの他の発達障害と比べると、ことばの伸びが比較的良好なことから、三歳児健診のころにはフォローが打ち切られることも多い。

ことばの遅れなどの発達に問題がない子どもの場合は、幼稚園・保育園などの集団生活に入って症状が明らかになってくる。

運動会などの集団場面で走り回ったり、友人とのかかわり方についても、おもちゃの取り合いなどの際にすぐにたたいたり、かみついたりといった行動が多い。また、不器用な子が多く、スプーンやはさみがうまく使えないなどから、園でのいろいろな活動に苦手意識をもちやすく、最初から手を出さないという子もいる。

学童期になると、授業中、教室内を動き回ったり、席に着いていてもごそごそする、姿勢が悪い、ほかの子どもにちょっかいを出すといった行動が見られる。また、衝動性や感情のコントロールが未熟で友人と上手に付き合えないために、仲間集団をつくれず孤立し、いじめやからかいの対象になることも多い。高機能広汎性発達障害の子どもたちにも同様の行動が見られることがあり、ADHDとの鑑別が問題になることがある。

確かに、高機能広汎性発達障害の幼児期は多動を伴うことが多く、社会性の障害の問題が目だたない幼児期にはADHDと間違えられる。ADHDの多動は、物事の道理ややり方は分かっているのに、周囲の出来事に衝動的に反応してしまうことによるものである。

それに対して、高機能広汎性発達障害の多動は自分の興味のままに動くもので、そういった行動がいけないことなのかどうか、また、人からどう見られるのかといったことには気づいていない。

また、ＡＤＨＤも高機能広汎性発達障害も場の雰囲気にそぐわない行動をとるが、高機能広汎性発達障害では社会性の障害に起因し、周囲の状況が読めないのに対して、ＡＤＨＤでは怒りや好奇心といった感情が生じた場合に、それをコントロールできないことから生じる問題である。

つまりＡＤＨＤでは、落ち着いているときに、十分注意を引き付けた状態で話をすれば、社会的な文脈の理解も可能である。

また対人関係のとり方についても、ＡＤＨＤでは人なつこく、人からかかわられることが基本的に好きであるが、高機能広汎性発達障害では孤立を好み、人にかかわられるのを嫌がることが多い。高機能広汎性発達障害でも、積極奇異型の子どもは積極的に人とかかわるが、それは、あくまで自分中心の一方的なかかわり方が多い。

また高機能広汎性発達障害では、感覚過敏の問題を抱えることが多いのも、ＡＤＨＤとの相違の一つである。

学習障害とどう違うのか？

ＬＤは、医学的な定義と教育学的な定義とにズレがある。医学的な定義では、全体的な知的能力には問題がないにもかかわらず、中枢神経系の障害によって、読み・書き・計算という特定の能力が障害され、学習に困難を来す発達障害である。これに対して教育学的なＬＤは、前記の読み・書き・計算に加えて、聞く・話す・推論するの六つの能力の障害を含めている。

確かに、高機能広汎性発達障害にＬＤを合併している例はあり、診断基準から言っても併記は可能である。しかし国語が苦手で、ＬＤと言われたという症例を検討してみると、字の読み取りそのものに障害がある本来の意味での読字障害ではなく、文章の意味理解ができないというタイプの問題であることが圧倒的に多い。

さらに、非言語的学習障害という概念を用いるLDの研究者もいる。非言語的学習障害には、視空間認知の障害、不器用さ、運動能力の障害、社会性の障害、コミュニケーション能力の障害などが含まれるという。

しかし、ここまでLDの概念を拡散させてしまうと、高機能広汎性発達障害も不注意優勢型のADHDも発達性協調運動障害もすべてLDに含まれることになり、これは診断というより、適応能力になんらかの問題があるということを指摘しているにすぎないことになってしまう。非言語的学習障害と言われる子どもたちの大部分は、高機能広汎性発達障害であると言っていいだろう。

有効な「支援」プログラムを組むための診断を！

前述のA君の事例に戻ろう。

確かにA君は多動で、機械的に診断基準を当てはめればADHDの基準を満たした。しかし彼の問題を詳しく検討してみると、例えば、ルールを守らないのは「分かっているのに守らない」のではなく、ルールの理解そのものができていないからであり、当番の仕事をしないのはさぼりではなく、役割分担があいまいなため、自分が何をやればいいのか分からないからだった。

また、授業中ぼうっとしているのはファンタジーへの没頭であった。級友とのトラブルは、彼が自分の興味のあることを一方的に相手に強要するために、友人が彼を避けるようになったことを、逆にいじめられたと受け取って、暴言を吐いたり、暴力を振るっていたためであった。また、ささいなことでパニックになることがあったが、よく聞いてみると、友人から非難されるという、不快体験のフラッシュバックを起こしていたのだった。

このように見ていくと、A君には社会性やコミュニケーションの能力に問題があり、それが彼の学校や家庭での適応の障害になっており、アスペルガー症候群と診断することが適切と考えられた。両親に診断を告げて、担任も交えて、学校での対応について協議した。クラスメイトとのトラブルについては、彼の不適切な行動や発言に対して、担任が介在して子どもの読み誤りを修正することにより、著しく改善した。

また、当番については役割分担を明確に決め、やり方についても具体的に指示し、できたことを担任にほめられるというプラスのフィードバックを積み重ねることで、指示を受け入れ、従うという構えがとれるようになった。

診断は、それが対応に結び付かなければ単なるラベルはりになってしまう。A君の例で言えば、ADHDという診断を受けていたため、学校サイドでは、小学校高学年になれば多動は落ち着いてくるだろうと経過を見守る状況で、社会性の問題への介入がなされず、不登校という二次的な問題が生じてきた。

問題点をあいまいにしたままでは、誤った対応やその場しのぎの対応に終始してしまい、長期的な見通しをもった連続性のある対応が難しい。問題がこじれて、二次的な障害が起こってくる前の早期の正しい診断が必要である。

解説 2

保護者へのサポート

保護者と学校のよりよい連携のために

並木典子（あいち小児保健医療総合センター 臨床心理士）

診断がつけばすべて丸く収まるのか

よく「診断はラベルはりだ」と診断名をつけることを嫌悪する向きがあるが、筆者はそうは思わない立場にある。

診断は、一つの枠組みである。何が起きているのか、なぜこうなっているのか見当がつかず、日々の生活の中で色々やってみるがいい方向に行かない。そんな時に、何がどういう背景で起きているのか、どういうからくりでうまく行かないのかがわかれば、混乱しなくてすむ。

診断は、「出来事の整理のための枠組み」であり、「かかわり方の見通しを作るための枠組み」でもある。それは、周囲の者だけでなく、うまく行かない中心にいる子ども本人にも安定を与える。診断名を「ラベル」のようにその子どもの名前の上にはり付けることは避けなければならないが、見通しをもち、安定してかかわる上では必要と考える。

したがって、「診断がつけばすべて丸く収まる」とも思っていない。診断が「その子どもを理解するための一つの枠組み」であれば、当然、どのようにその子どもを理解し、どのようにかかわるとよいかを検討する作業が不可欠である。診断をつけて終わるならば、それこそ「診断がラベルはり」にしかならない。

逆に「診断がつかなければ何もできない」とも思わない。そもそも診断には、家庭や学校からの情報が重要である。家庭や学校でどんな様子なのか、どんな対応をしてそれがどのような結果につながったか、それらから浮かび上がる子どもの様子を整理することが、対応の第一歩であり、かつ診断に有用な情報なのである。

医療機関にいて思うのは、医療機関に送り込めばすべて解決する、診断がつけば何とかなる、という雰囲気が関係機関に多いことである。その場合、関係機関側がそのようなことばを使っていなくても、保護者の側が「とにかく病院に行って診てもらえと言われた」と受け止めて受診していることが少なくない。

これで保護者が、わが子に何らかの違和感やかかわりにくさを持っていればよいが、そのような意識がない場合は、受診がなんら意味を持たなくなる。場合によっては、受診しても何も意味がなかったと、保護者と学校の関係が悪くなることすらある。

長々と前置きをしたが、これらの診断や医療機関についての誤解は、保護者と学校の連携の上で、害はあるが益がないからである。それに、医療機関が援助できることは多くはなく、学校と家庭が手を取り合って子どもに向き合うことこそが、援助の最大のかなめだからである。

「悪者探し」をしない

学校で子どもが何らかの不適応行動を示した時、よくやってしまうのは「悪者探し」である。学校は保護者のしつけがしっかりしていないからだと考えてしまいがちである。そして、「保護者が悪い」で終わってしまい、そこから先に進まないことが往々にしてある。

さらに、「悪者」にされた保護者は、一人で問題の解決に当たらされるか、「悪者」扱いした学校に反発するかになり、結局何も解決しないという結果に陥りやすい。

まずするべきは「悪者探し」ではなく、問題とされる行動が何であって、それがいつ、どのような場面で、どのようにして起こってくるのかを整理することである。そして、それを保護者と共有することである。

学校が子どもの問題を提示した時、保護者の反応として二つ考えられる。これまでに子どものことで悩んできており、スムーズに話を聞くことができる保護者がいる。逆に、問題を認めない保護者もいる。家庭ではまったく問題がないという場合もあるが、実はこれまでに何度も問題を指摘され、「悪者」にされてきたことに対しての防衛が働いている場合もある。

いずれにしても、保護者には「子どもの問題を保護者のみの責任にし、保護者のみに解決させるつもりはない」という姿勢を伝えることが必要である。

子どもの問題は保護者の育て方の問題、と考える風潮は根強く、子どものことで悩んでいる保護者ほど、そのように考えていることが多い。保護者だけで責任を背負い込む必要はない、と伝えて保護者の荷を軽くすることは、保護者支援の第一歩であり、ひいては学校と家庭の連携の第一歩となる。

問題を共有すること

子どもの問題を共有することは、問題を指摘することで終わるものではない。保護者と共に子どものよりよい成長のために必要なことを考えているという学校側の姿勢を伝え、そのために共に手を取り合う保護者への支援のスタートとなる必要がある。では、問題を共有するためには、どのように問題を整理したらよいだろうか。

すでに述べたように、問題とされるべき行動を具体的に出し、それがいつ、どのような場面で、どのような経過で起きてくるかを整理する。例えば「授業を受けられない」という問題があれば、どの授業で、どんな行動をしているのかを具体化する。

さらに、授業時間中のどの場面でそのような行動が起こりやすいかを振り返る。「友だちとトラブルになる」ということであれば、トラブルのきっかけからトラブルに至るまでの経過を具体的に取り出しておくことも必要である。

あるいは、問題とされる行動が引き起こされる背景をできるだけたくさん考えてみる。ここでは「できるだけたくさん」がポイントである。

例えば「宿題をやってこない」ことには、宿題が難しすぎる、宿題が多すぎる、宿題をするのに必要な集中力がない、宿題の存在を忘れている、連絡帳に宿題のことを写していない、そもそも字を書くこと自体が苦手で連絡事項を写しきれない等々。そうすると、保護者に対して「宿題をやってこない」と問題を指摘する言い方ではなく、「もしかすると家で宿題をやらせるのに困っていませんか」など別の言い方ができ、困っていることに共に対応しようという方向につながりやすくなる。

また、それらの背景の中で、宿題に関すること以外でも見られることがあるかどうかを検討すると、その子どもの苦手な所の傾向が見えるときがある。その苦手なことによって家庭でも困っていないだろうか、と想像してみることも、問題を共有する言い方につなげやすい。

ここで保護者の悩みが出てくれば、それを聞いていく。ただし、特に高機能広汎性発達障害が仮定される時、学校での様子と家庭での様子が異なる場合があるので、家庭だけの問題と切り捨てることはないようにしたい。逆に家庭でうまく行っているならば、「うまく対応されている保護者の力を借りたい」と相談する姿勢で連携の端緒を切ることも可能だろう。

なお、受診を勧めることとは、保護者の問題意識があることが前提である。診断がつくことにより、問題を整理する枠組みを作ることが可能になるから、などの言い方で受診の意味を説明することも忘れないようにする。

保護者から障害のことを伝えられたら

これまでは、学校側から子どもの問題をどう伝えていくかという話をしてきた。ここからは、すでに診断がついており、保護者側から学校に「うちの子は高機能広汎性発達障害です」と伝えられた時に、学校側がどのように保護者をサポートしていくかを述べていきたい。

まず高機能広汎性発達障害のことを学ぶことが不可欠である。保護者との話を理解し、スムーズに進めていくには、一定の知識がないと困る。最近は高機能広汎性発達障害やアスペルガー症候群の本が出ている。もし、何を読めばよいか迷うならば、保護者に資料を紹介してもらう。あるいは、保護者が了承すれば、医療機関の受診時に同行する。

一定の知識を得ると、理屈に子どもの姿を当てはめようとすることが往々にして出てくる。子どもの具体的な姿に対して、どの情報が当てはまるか、どの理屈で説明ができるのか、という順番で考えることが大切である。

保護者からは、診断名だけでなく、学校側にお願いをしておきたいことが伝えられるはずである。具体的な対応方法として提示される場合もあるし、漠然と「こうしてください」という言い方になる場合もあるが、疑問点は保護者に確認をする。そして、実際に学校で該当する事柄が起きたら、保護者に伝えるとよいだろう。その際に、どのように対応し、どのように収まったかも伝えると、その子どもの成長の把握にもつながる。

うまくいかなかった時も、経緯と対応の結果を丁寧に報告する。何が悪い、どこが悪い、という視点ではなく、何が起こったかという事実に注目をする。また、逆に学校で保護者が心配することが起きなかったとしても、保護者の心配しすぎと判断しない。保護者の知らないその子どもの姿が肯定的に伝えられることも、保護者の支えとなる。

逆に、保護者に協力をお願いする場合は、これまで述べたような、問題の具体化と共有化の手続きを踏むことを忘れないようにしたい。「診断がついているからわかっているはず」と考えてはならない。

先に少し述べたが、家庭と学校とは状況が相当違うので、高機能広汎性発達障害児の家庭での様子と学校での様子が異なることは珍しいことではないからである。そもそも、日常的に学校と家庭の様子を情報交換しあい、情報の共有をしておくことが必要である。

情報の共有は、子どもの姿の共有につながるので、子どもに何をどのように支援したらよいかが明確になりやすい。保護者にとって、子どものことを理解してくれる人がいることが一番のサポートとなる。もちろん、その上で、保護者が困った時に具体的なアドバイスをくれる人が、保護者が求めるサポーターだろうと思うが、絶対に具体的なアドバイスを出さなければと思う必要もない。子どものこと、保護者の悩みの道のりを理解していることが大切だろう。

そのため、学校側にぜひお願いしたいことがある。学年が変わるときの引継ぎが確実に行われるようにしていただきたい。それが確実になるだけでも、保護者へのサポートになるのである。

第2章　具体的な支援のために

不適応と問題行動への支援

学習教材を利用した心理教育的援助の取り組み

大河内　修（あいち小児保健医療総合センター　臨床心理士）

高機能広汎性発達障害児の抱える問題と心理教育的援助の視点

筆者は、言語・社会性・想像力の発達に重いハンディを持つ高機能広汎性発達障害児に対して、学習教材を材料にした心理教育的援助を行い、学習能力の向上だけではなく、問題行動の改善にも効果を上げているので、その方法の一端を報告したい。

勝手に教室から出ていってしまうA君

アスペルガー症候群と診断された、小学校五年のA君は「教室で、じっと授業を受けられないこと、気に入らないと、学校を休んでしまうこと」を主訴に当センターを受診した。

A君は、体も頑強で、自分のやりたいことを禁止されると暴れ出し「ロッカーを壊してしまった」「先生の腕に鉛筆を刺してしまった」など、器物破損や他者への暴力のエピソードに事欠かなかった。そのため、周囲は、はれ物に触るような扱いになってしまい、A君の好き勝手な行動が、許されてしまうことにより、現在の状態になっていると考えられた。

A君を知能検査に導入すると、部屋には入ったが、「ねえねえ、この机はどうして角が丸いの？わかった！きっと、丸い方が軽いからだ。やっぱり、ぼくは天才だな」などと、独特の言い回しで、一人でしゃべり出し、指示に従っての行動が、まったくとれなかった。

一方、積木で幾何図形を構成する課題などには興味を示し、わざと裏側に正解図形ができるように作り、「ねえねえ、反対側から見ると、正しい図形ができているでしょう」などと、検査者が、びっくりするような能力の一端を、垣間見せる子であった。

こうしたA君に対して、次のような方法で、心理教育的援助を行うことにした。

援助の基本的な構造は、二週間に一度、一回に五〇分間の個別での指導である。

まず、「援助者の指示が一つ聞けたら、A君の提案を一つ聞く」という条件で、五分間、着席して課題に取り組むことを目標に援助を開始した。

最初に、A4の白紙を用意した。子どもの見ている前で、①から⑩の番号を付け、A君と対話をしながら、①の横に7＋3＝と、A君が、すぐに解答できる課題を、一つ書いて渡した。A君は「これは簡単だ」と言いながら解答を書き、援助者は「簡単だったか？」と言いながら、丸を付ける。

次に「今度はちょっと難しいかな」と言って②の横に、4＋6＝と書いて渡し、同様に、丸を付けては次の問題を提示した。その回は⑩まで実施し、後は、机を片付けて、ブロックでコースを作って、マイティーモーを走らせる遊びをした。

こうしたセッションを三回実施すると、A君は「ねえねえ、ぼくは、もっと高度なことがやりたいんだ。ぼくは天才になりたいんだ」と訴えてきた。

そこで、課題の難易度を上げることにし、加算と減算を利用した文章題と、国語の簡単な長文読解問題を導入した。算数の文章題では、文を読んで内容を図に描くこと、図を式にすること、逆に、式を見ながら、図や問題文を作ることなどを練習した。国語は簡単な長文読解問題を実施した。

ある時、「国語はもうやらない」「先生もぼくのことをばかにしているんだ」と、突然、怒ったように言った。その時に実施した問題文が、授業中のいやな経験を、A君自身に思い出させてしまったのだった。

そこで、援助者はA君に理由を聞き、それをもとに「ねえねえ、ぼくは国語がきらいです。『おもしろいところ』を出されるとけったりたたいたりします。手をあげる人がにくらしい。問題を出す先生もにくらしい。『にくらしい、にくらしい』と思っているうちにわけが分からなくなってしまいます」と、A君のことばを生かしながら文章化し、いっしょに朗読した。こうして、A君と体験を共有した後は、学習が比較的進むようになり、二〇分〜三〇分の課題学習が可能となった。

このころから、学校へ行くのを嫌がることがなくなり、教室でも落ち着いて授業を受けることができる時間が増加してきた。

アスペルガー症候群の子どもたちの抱える問題の複雑さ

アスペルガー症候群の子どもたちが示す、反社会的な行動、不登校やひきこもり、さまざまな情緒的な問題行動などの背景は、次のように理解することができる。

第一に、生得的なハンディとして、アスペルガー症候群の子どもたちは「バラツキの大きい認知の発達」「未熟な社会性の発達」「こだわりの強さや融通の利かなさ」「特有の情報処理のパターン」など、さまざまな問題を抱えて生活している。

第二に、適切な指導さえ受けておれば、充分に習得できるはずの能力を、未獲得のまま放置されている。

生得的なハンディを背景にした、指導の困難さから、彼らは、健常児が通常の学校生活の中で体験し、獲得するさまざまな能力を、未獲得のままに放置されてしまう。これは「教科の学習」面にも「社会や友だちとの付き合い方」の面にも「自分らしさを受け入れ、育てていく」面にも、大きな問題として、顕在化してくる。

第三に、不適切な対応を続けることにより、子どもの中に、否定的な世界観が形成されてしまう。

表面的には「度の過ぎたわがままさ、無神経さ、生意気さ、奇妙さ…」とも理解されがちな、性格や行動特徴のために、周囲から「暴力的な扱い」「無理な課題の強制」「いじめやからかいの的」などの扱いを受け、子ども自身にとっての社会は、混乱と苦痛に満ちたものになってしまう。

その結果、社会や自然への興味を喪失し、他者に対して強い不信感を抱き、自分に対する自信を失ってしまっている。

学習教材を利用した心理教育的援助の基本的な考え方

筆者は、援助対象となる子どもと、一対一で対面し、国語や算数（数学）など学習教材を利用した、心理教育的な援助を行っている。その基本的な視点は、次の四点である。

①学習場面を、子どもと援助者との交流場面として位置づける

学習場面が、学習教材という媒体を介した、「二者関係の場」でり、両者の関係が「学ぶもの」と「学びを援助するもの」という、比較的単純な構造であることが、大きな特徴である。

この中で、子どもが獲得することを期待される行動としては「指導者の指示に耳を傾ける」「課題に取り組む」「分からない時に質問する」「状況を理解した上で自分の意見を述べる」などである。

また、子どもが、学習場面の中で実感してほしい感情や態度として「学ぶことは興味深い」「指導者との交流は楽しい」「自分は大切な人として、受け入れられている」などである。

②子どもの能力や興味に応じた、課題の内容と、援助の方略を選択する

高機能広汎性発達障害児は、能力のばらつきが極

めて大きく、興味の偏りが著しい子どもである。したがって、学年という概念を解体し、子どもの認知発達の特徴や、興味を考慮した課題の内容を、設定することが必要である。

また、全体の概略や基本法則を説明した上で、個々の内容を説明した方が分かりやすい場合（同時操作型学習）や、具体的なことがらからを一つひとつ積み上げる学習方式を取った方が理解しやすい場合（継次処理型学習）などの、子ども自身が得意とする習得のパターンに合わせた、援助方法の工夫が必要である。

③学習場面を「自ら発見する場」「できるようになる場」として構成する

これは、学習場面での子どもの気付きを重視する、援助者の姿勢である。援助者は、単に、子どもが指示どおりに動けばよしとするのではなく、登山におけるシェルパのごとく、子ども自身の学びを、側面から援助する機能を担う。具体的な動きとしては「分かりやすい課題の提示」「課題場面で示す、子どものさまざまな気持ちや行動の言語化」「困難課題でのヒントの提示」「解決意欲低下場面での激励」「解答発見の喜びの共有」などである。

こうした経験を通じて、子どもに「勉強も頑張れば理解できるし、理解できればおもしろい」という実感を育て、社会や自分に対して、肯定的なまなざしを向けることが、できる態度を育てることを、期待している。

④学習の進展を妨げるさまざまな行動を、子どもの乗り越える必要のある、重要な課題として位置づけ、心理治療的な視点で対応することである

子どもの示す具体的な行動例としては「指示を聞かず勝手なことをする」「ふざける」「しゃべらない」「動かなくなる」「泣き出す」「突然暴れ出す」などがある。

これらの行動は、子どもが達成困難な課題に、直面させられ続ける状況から、逃れるために、長い時間をかけ、やむにやまれず獲得した、子どもなりの対処方法であると、理解することが可能である。

援助者は「子どもに十分表現させる」「しかし課題達成場面としての構造を崩さない」「その行動をどれだけ重ねても、問題の解決につながらないことを、実感させる」「新たな適応的な行動を提示する」「適応的な行動を、子どもが行うことにより、問題解決に至ることを、体験してもらう」などの動きをとることにより、問題の乗り越えを援助する。

このように、子どもの認知特性や行動特徴を細かく評価した上で、子どもが達成可能な課題を提供し、援助者との肯定的な交流関係の中で学習を進めることにより、社会生活で必要な知識や技術を身につけるとともに、自分・他者・社会や自然への肯定的な姿勢を獲得することを、学習教材を利用した心理教育的援助の大きなねらいとしている。

学習教材を利用した心理教育的援助の実際

学習教材を利用した心理教育的援助の対象

心理教育的援助の対象は、以下の三つの条件を満たす子どもに対して、効果をあげると考えられる。

①文字や数の学習が効果的に可能になる、五～六歳程度以上の認知発達が認められる

②学習上の問題や、日常生活の中での課題達成場面で、さまざまな適応行動上の問題を有する

③しかし洞察を治療の根幹とした、内省的精神療法の対象にはなりにくく、遊戯療法の効果にも、限界が想定される

こうしてみると高機能広汎性発達障害をはじめとする軽度発達障害児およびその周辺群の子どもだちに、正に最適な治療方法であることが分かる。

問題行動の背景や子どもの能力の評価

まず、子どもの問題行動の程度や背景について、生育歴、現在の状態、家庭や学校の状況などの情報をもとに理解する。

つぎに、子ども自身の能力評価として、WISC―ⅢとK―ABCを行い、知能の水準、ばらつきの

程度、認知発達の特徴などについて評価する。

その後、国語能力（読解力、漢字能力、文章表現能力）、算数・数学能力（計算力、文章題理解力）について、プリント形式の問題により、評価をする。

なお、知的水準からWISC―Ⅲによる情報が乏しい場合には、田中ビネー知能検査Ⅴ、新版K式発達検査二〇〇一により補う。

面接情報、心理検査結果、学力評価の資料をもとに、学習教材を具体化し、援助の構造を決める。

学習教材を利用した心理教育的援助の展開

①基本的な枠組み

学習教材を利用した心理教育的援助は、一回五〇分の個別援助を二週間に一度実施する。

援助者が提示する課題を、二人で達成することが中心になって、毎回のセッションが進行する。

援助者と子どもとの間で、ある程度、落ち着いて学習が進むようになった段階以降は、親にも同席してもらい、学習援助の方法を観察学習してもらうとともに、家庭での宿題を提示し、親子で課題達成学習に取り組んでもらう。

②導入段階と譲らない姿勢での対応

適応上の問題がなく、知的水準に比べて学力が低いことが中心問題である子どもの場合には、この段階は、教材を決め、進め方を決めて、試行的に実施することで通過する。

しかし、指示に従って学習する態度が形成されていない子どもや、重い適応上の問題を抱える子どもたちは、この援助構造には素直に入れず、最初の数回は、枠に入れるための時間になる。

学習態度が形成されていない子どもの場合には、指示に従うことや、着席での課題を目標にした、課題のスモールステップ化が、重要なポイントになる。

援助者は、子どもの着席可能時間や、指示に従うことが可能な課題を見極めながら、一分単位で目標とする着席時間を延ばしていく。

これまでの学習場面で、つらい経験を重ね、重い適応上の問題を有する子どもの場合には、この段階の乗り越えに、工夫が必要になり、「譲らない姿勢」での対応が、必要な場合もある。「譲らない姿勢」での対応は、子どもの不適応行動への、基本的な対応技術の一つであり、パターン化して示せば、次のようになる。

子どもは、課題を拒否する、黙る、固まる、無視して勝手な行動をとるなど、さまざまな行動をとる。援助者は、子どもの自己表現を促し、受け入れ続けながらも、場面のねらいを達成するために、必要な指示を出し続ける。

子どもは、自分の思い通りにならぬ状況に、いら立ち、時として暴れまわって抵抗する。援助者は、子どものいら立ち、怒り、絶望などの気持ちを言語で代弁しつつ、しかし、それに屈することなく、子どもと援助者の、心と体の負傷を防ぎながら、やるべき課題を示し続けるという、強さが必要になる。

子どもは、援助者の揺るがない姿勢に支えられ、最後には、自らの姿勢を立て直し、場面に適切な行動をとることが可能となる。

③容易な課題を継続的に実施する段階

着席し、指示に従っての課題実施が、二～三分以上可能になると、容易な課題の継続的実施段階に入る。

ここでの援助者の動きは「子どもに見通しを持たせるために、全体でどれだけの課題をやればよいかを、事前に示す」「課題は一題ずつ提示し、二人の交流関係の形成にポイントを置く」「課題の難易度を上げず『課題を出す』―『解答する』―『丸を付ける』という単純で肯定的なやり取りを、数多く繰り返す」などの対応が中心になる。

学校や家庭での学習場面で、理解できない課題の解決を、要求され続ける体験を重ね、「ふざける」「しゃべらない」「逃げだす」「考える振りをする」などの行動をしがちな子どもの場合に、この段階を重ねることで、問題行動が減少する。

最初に紹介したA君の場合は、体格も大きく、暴れた場合の被害も大きいことから、導入段階での「譲らない姿勢」での対応を避け、とても簡単な課題解決を通じた、やり取りを続けることで、上に述べた二つの段階を三回で通過した。

④やや難しい課題に取り組む段階

二人で課題を通じた、やり取り関係の形成が安定化すると、課題の難易度を上げる。

ここでのねらいは、学力の向上と、達成困難課題場面での、適切な行動様式の獲得である。課題が難しくなると「やるのを嫌がる」「別のことをやりたがる」「怒り出す」などの問題行動が出る。こうした問題に対しては、子どもの認知特性や行動特性に配慮した、適切なヒントの提示を行い、子ども自身が「解かった」「できた」体験につながる援助を心がける。

また、心の傷につながった行動に対しては、「援助者に守られた中での表現と再整理」を行なう。「譲らない姿勢」での対応も必要な技術である。

A君の場合には、国語の問題文を引き金に、学校でのつらい体験が表現され、作文を利用して再整理を行なった。

作文を利用した内面の整理

学習教材のうち、作文は、体験の再整理も含めて、多面的な利用が可能な学習素材である。しかし、高機能広汎性発達障害児に対して、作文を書かせようとしても、ほとんど書けなかったり、事柄の果てしない羅列であったりして、子どもの内面を表現してもらうことが、困難な場合が多く、利用に工夫が必要な素材である。

そこで、作文指導を効果的に行なうために、いくつかの工夫をしているので、指導方法を具体的に紹介する。

学校でのいじめから問題行動が頻出した四年生のB君

最初に、情緒的な問題と、学習上の問題を併せ持つ、B君との取り組みから、作文の利用方法の概要を紹介する。

①心理教育援助を始めるまでの経緯

普通学級に通う自閉症のB君は、周囲の友だちの心ないいじめから、夜尿、抜毛、チック等の症状が頻発するようになった。いじめの実態を担任に訴えたが、効果が見られず、授業中の離席、パニック、先生への暴力へと、B君の問題行動も次第にエスカレートした。

地元の小児科の紹介で、小児センターの勤務する病院の心療科を受診し、心理教育援助が開始された。

②心理評価と援助の方針

WISC—Ⅲ知能検査では、知能指数50前後で動作性、言語性のギャップはなかった。着席しての検査が可能ではあったが、回答の態度は自信なげで、蚊の鳴くような声と、少し難しいと下を向いてしまうのが印象的であった。

学力を評価すると、算数計算能力は、繰り上がりのある加算が、かろうじてできる程度、文章題では、引き算利用問題の理解が、困難な段階であった。文字は比較的上手に書き、拗音の表記ができたが、「へ」と「え」、「は」と「わ」などの間違いが、ときおり見られる段階であった。

家庭は、両親ともに子どもの発達に理解を示し、親子の関係も良好であった。

子どもの情緒的な問題の背景を、「学習場面で解決困難な課題にさらされ続けたことと、対人的なストレスによる、学習意欲の減退、自分に対する自信や他者への信頼感の喪失」と理解し、次に示す方法による心理教育的援助を行なった。

③心理教育的援助の経過

当センターでは二週間に一度、一回一時間程度の心理教育援助を実施し、家庭に対しては、B君の理解の程度に合わせた算数と国語の課題の実施と日記を書くことを提案した。

心理教育的援助の内容は、次のようなものであった。

二週間の間に子どもが書いた日記を、一緒に読みながら、その内容を深める会話をするとともに、印象に残る内容を一つ選び、内容を膨らませて作文を書く。次に、親子で実施した課題を見せてもらい、努力の跡を認めるとともに、理解の難しかった問題について、学習をし直す。最後に、次回までの親子学習の計画を作成して終了する。

日記については、絵日記帳を用意してもらい、親子の会話をもとに、親が文章にした内容を模写することから開始した。初回の内容は、

「今日は、大府びょういんに行きました。地下鉄やJR、知多バスで行きました。べんきょうをやりました。さんすうかにっきをやりました。たのしかったです。」

乗り物が大好きなB君は、休日に親子で旅行に行くことを楽しみにしており、日記にも「…電車にのりました。それから…バスにのって、…でおりました。それから、…で地下鉄にのって…でおりました。」といった、パターン化された内容が、中心になっていった。

援助場面では、駅を降りてから、B君が見たこと、やったことを質問しながら、内容を膨らませることを、繰り返し行なった。路線の名前や駅名から、食べたもの、行った店、やった内容、見物したものなどへと、表現される内容が、徐々に広がっていった。

日記指導開始から九か月後、時間経過による事柄の羅列から抜け出すことを、ねらいとして、日記にタイトルを入れることを、提案したところ、一回に書く内容の範囲が絞られ、内容に深まりが出た。

例えば「テレビを見たこと」というタイトルで「今日、六時三〇分からニュースを見ました。大曽根から、ばくはつしました。全部ガラスがわれてました。人は、三人死にました。消防車や救急車や、パトカーがたくさん来ていました。けがをした人が、たくさんいました。ぼくも気をつけたいのです。」という内容を、爆発時の絵とともに書いている。

④心理教育的援助の成果

こうした援助を、一年間続けた結果、夜尿、チック、抜毛など、神経性習癖は消滅し、授業中の離席やパニック、先生への暴力などもなくなった。

学力についても大きな成果が認められた。国語は当初、二年生レベルからはじめた長文読解問題は四

年生を終了し、文法表現では、「から」「に」などの助詞、受け身の表現などの理解が進み、丁寧な言い方、推し量る言い方などの学習に入った。算数では、二桁の掛け算をマスターし、文章題でも加算減算だけではなく、掛け算が必要な問題も解くことが可能になった。

また、一年半ぶりに行った知能検査の結果では、言語性知能指数の大幅な上昇が認められ、全知能指数七三と境界線知能レベルになった。

作文・日記を利用した心理教育的援助の進め方

①作文・日記学習のねらい

筆者は、作文・日記学習のねらいを、次のように整理している。

・自分の身の回りの人や、社会の仕組みに興味を持つ

・自分の考えや気持ちを、詳細に表現できるようになる

・他者と気持ちを共有する喜びを経験する

・他者の意見を参考にしながら、自分の気持ちを整理し、より合理的で適応的な、感情や行動ができるようになる。

②作文・日記指導の困難さ

高機能広汎性発達障害児への作文・日記指導の困難さは次のようにまとめることができる。

第一に、言語による表現能力が生来のハンディキャップのため乏しい場合が少なくない。次に、成果があがらない学習への情緒的な拒否が生じるため、文章を書くこと自体を拒否するようになってしまう。三番目に、実際に無理して文章を書かせると、その内容は細々とした事実の繰り返しで、ワンパターンの表現となり、発展して行かない。そして第四にさらに表現された内容について、興味の偏り、社会的には通用しにくい価値観や発想、社会現象への著しい誤解が見られる場合がある。この様なことから、しばしば作文という課題自体が困難になってしまうのである。

③作文指導の手順

・テーマの設定

子どもとの対話の中で、書くテーマと表現する大まかな内容を決める。内容のイメージを膨らませるために、写真や絵を利用する。

・内容の具体化

テーマにそって対話を進める。援助者は「傾聴」「ことばの反射」「代弁」「表現された内容のまとめ」「質問」などの技術を使い、子どもの表現意欲を高め、表現内容を豊かなものにし、それをメモにとる。

・内容の文章化

話し合った内容を文章化する。子どもの文章表現能力により、援助方法を、次のように実践している。

第一段階では子どもの言語表現を生かして、指導者が文章化する。

援助者がパソコンに向かい、子どもが援助者の横に座る。援助者は話し合った内容を、音声で文章化しながら、ワープロに入力し、完成後、二人分をプリントアウトする。

第二段階では子どもの言語表現を生かして、指導者と子どもが一緒に文章化する。

援助者がパソコンに向かい、子どもは援助者の横に座る。話し合った内容を、二人で見ながら、「『…やった』と、『…やりました』どっちの言い方にしようか」などと、二人で話し合いながら文章化し、援助者がワープロ入力していく。漢字の変換なども、その都度、子どもと話し合って決めていく。入力終了後、完成品をプリントアウトする。

この段階では、子どもの能力に応じて、手伝う度合いを、細かく調整することが必要である。上手な文章表現ではなく、子どもの視点や表現を最大限生かすこと、表現意欲を高めることに、力点をおいた、援助を実施している。

第三段階では子どもが文章化する。

子どもが原稿用紙に向かい、援助者のメモを参考にしながら文章を作っていく。

援助者は、メモの程度を、作文にする内容をほとんど文章化したものから、箇条書き、単語の羅列へと省略していき、必要に応じて、音声で補う。

子どもが作った作文を、援助者がワープロに清書し、二人分をプリントアウトする。

・作文の音読と模写

でき上がったプリントを見ながら、子どもと援助者が音読する。

作文の内容が、他の子どもとのトラブル場面の再現など、感情や考え方の、再整理が必要な場合には、この段階での対応が、重要な役割を果たす。子どもの感情表現を強調して音読したり、表現された内容にあわせ、感情を込めた朗読をしたりすることにより、言語化された内容を感情面での再体験の機会とする。

また、プリントを見ながら、気に入った部分や重要な部分を、模写することも有効である。特に、文字を書くことに抵抗を示す子どもや、言語表現が苦手な子どもの場合には、模写の段階に、時間をかけることが大切である。

・子どもの気持ちや考え方の再整理

子どものもつ、社会通念上受け入れ難い考え方を扱う場合や、他者の気持ちの理解を深める場合などには、書いた作文を土台にしながらの、対話が有効である。

ここでは、文字や図を使って、視覚的に思考や感情の関係性や流れを、表現することが大切である。視覚化は、子どもの理解を助け、混乱を整理し、再統合化を容易にする。

この学習は、小集団での学習に利用することも可能である。できた作文を朗読しあい、感想を述べ合うことで、仲間との交流からの学習が期待できる。

作文・日記指導を利用したC君とD君への対応

①不登校から立ち直ったC君

中学二年生で不登校になったアスペルガー症候群のC君は、家庭で無気力な生活を続けるとともに、社会との接触を嫌うようになった。

当センターでは、「学力の遅れを取り戻すことから始める」という位置づけで、小学校段階の学習を開始し、日常生活を中心に作文指導を実施した。実施後まもなく、家庭内での意欲的な生活が開始され、三か月後には、外出、適応指導教室への参加が可能となった。当センターでは、適応指導教室での経験を作文化するセッションを続けた。C君は、そこでの、友だちとの共同での遊び、スポーツ、行事などに積極的に参加し、その経験を生き生きと作文に表現することが可能となった。

一年後には希望であった、情報処理の専門学校に合格し、現在も元気に通っている。

②虐待といじめから不適応状態になったD君

乳幼児期に父親からひどい虐待を受けたD君は、幼児期から、自傷、アトピー、ぜん息、チックなどの症状に苦しめられた。小学校入学後も症状は続き、足の皮がむけて歩行が困難な状態にまでもなった。D君は、友だちからのひどいいじめも重なり、転校を余儀なくされた。その後、児童相談所からの紹介により、当センター心療科を受診し、非定型自閉症、PTSDと診断された。

知能の構造にばらつきのあるD君に対しては、教科ごとの学力の大きなばらつきを受け入れ、学校では、得意科目である理科を伸ばす方向での指導を行なってもらった。

当センターでは、苦手であった文字を書く作業に焦点を絞り、作文の模写を中心にした指導を行った。家庭では、国語のプリント学習と親子での日記を宿題とした。親子での学習が順調に進み、D君の心身の状態も安定し、「今年の運動会では、組み立て体操で上の部分をやり、徒競走では裸足で走る」ほど元気になった。

対人関係にも改善が見られ、「最近では、友だちと遊んで、帰宅時間が遅く、夕食時間が遅れてしまう」という、半ばうれしい愚痴を母親から聞くようになった。

最後に、学習教材を利用した心理教育的援助の取り組みの、優れた点をまとめておきたい。

個別での学習指導という方法は、子ども・教師・親にとってなじみやすく、受け入れやすい方法であり、色々な状況での応用が可能である。

心理教育的援助の成果は「漢字の習得」「学習場面での適応行動の獲得」など、非常に明確・実際的であり、学んだ内容が、社会適応に直結する。

比較的単純な構造の、二者関係の中での相互交流学習は、適切な行動様式を、感情体験を交えて学ぶ経験であり、多人数集団場面での常識的な判断基準や行動様式を、形の上から指導することを中心とした、従来型のソーシャルトレーニングの前段階の学習として、位置づけることができる。

ここで紹介した、学習教材を利用した心理教育的援助の実践が、学校や家庭で、さまざまな形で展開されることを期待したい。

解説 2

社会性スキルの獲得を支援する

マイペースの軽減、社会的状況の理解

安達 潤（北海道教育大学旭川校障害児臨床教室助教授）

高機能児が抱える社会性スキルの困難さ

社会性スキルとは、「社会的状況の中で、他者とうまくかかわり合う力」である。

例えば、いっしょに遊ぶ、教え・教えられる、けんかをするといったテーマを軸にして互いの意図を交換、もしくは察知し合い、その状況が許す範囲でかかわり合う。そこでの「相手の意図を考慮しないようなふるまい」や、「その状況で許されていないようなふるまい」は、社会性スキルが十分でないと評価される。つまり、「なんだよ、あいつ……」というように見られてしまうこととなる。

高機能児が直面する困難は、大きく二つある。一つは、「マイペースを押し通し、相手のペースを考慮するのが難しい」。

もう一つは、「社会的状況の意味合いを適切に理解するのが難しい」ことである。マイペースを軽減することと社会的状況の理解は、共に他者との円滑なかかわり合いに不可欠である。

二つの困難は、どこからくるのか？

シングルフォーカス（杉山、二〇〇二年）とは「一時に意識したり扱ったりできる情報内容が極端に限られていること」、全体的統合の弱さ（フリス、一九八九年）とは「複数の事柄を、それらの中心的なテーマに基づいてまとめ上げるのが難しいこと」を意味している。

こういった認知的特徴のために、自閉症の人たちの体験は断片化し、「点（断片）を線でつなぐ、直線的・系列的な状況理解」の傾向が強くなる。そして直線的・系列的理解と実際の状況とが合致せず、状況理解の見通しが立たないと、彼らは不安を感じる。

さらに、自閉症の人たちの多くは感覚知覚過敏を抱えているため、幼いころから、周囲の世界に脅威を感じたり圧倒されるような体験を積み重ねてきている。その結果、周囲のささいな変化にも気持ちが乱れがちである。

このような自閉症の人たちの特徴を考えると、マイペースの強さとは、状況の全体をとらえられず、柔軟な見通しが立てられないことに対する自己防衛策だと言える。

つまり、自閉症の人たちはマイペースを強く押し通すことで、自分が理解しているとおりに状況が展開することを求め、安心感を確保しようとしていると考えられる。こだわりの強さは、結局、その人の不安感の強さを反映している。

一方、社会的状況の理解困難とは、部分だけをとらえて状況を理解しようとするために起こっている問題と言える。例えば、「君は頭がいいね」ということばが、本気か、冗談か、皮肉かを察知するためには、そのことばの前後、相手の表情や言い方、周囲の反応などをとらえる必要があるが、彼らは部分的要素だけをとらえ、意味合いを誤解してしまうことが少なくない。

マイペース軽減のための支援 "合わせること"と"ずらすこと"

自閉症では状況のささいな変化に対する感度が高く、気持ちが高ぶりがちである（ドーソンら、一九八九年）。適度なレベルへの気持ちの調整がうまくいかず、混乱（パニック）や引きこもり（反応低下）が起こる。他者とのかかわり合いの間口はとても狭く、たとえて言えば、火力調節がうまくいかないガスコンロのような状態と言える。

こういった特徴を考えたとき、米島（二〇〇二年）の言う「合わせること」と「ずらすこと」は、彼らのマイペースを軽減し、他者とのかかわり合いを広げていくために必要な支援ポイントを簡潔に言い当てている。

マイペース軽減のための支援でまず大切なのは、子どもの活動パターンに「合わせること」で、子ど

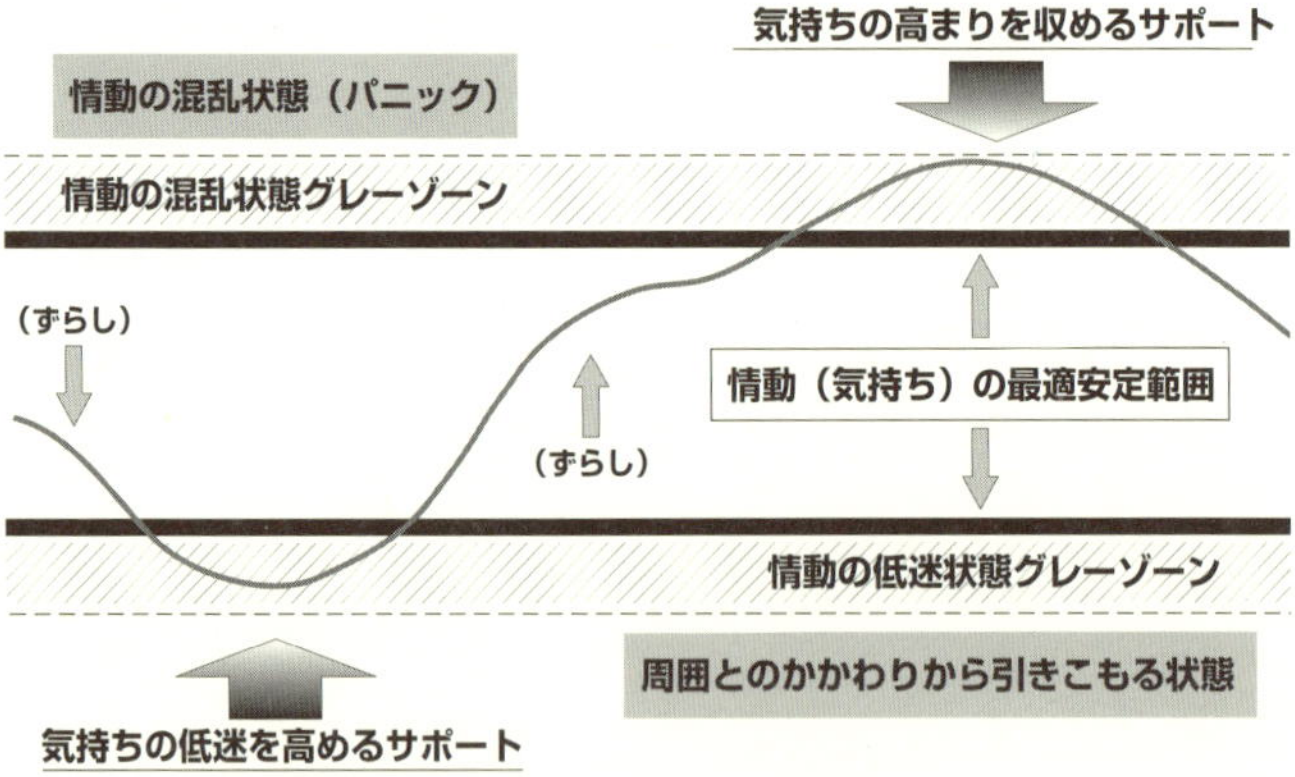

〈図1〉"ずらし"による気持ちの動きと安定化サポートの働きかけ

もとのかかわりをつないでいくことである。次に「ずらすこと」で、子どもが見通せるパターンを少し逸脱し、かかわり合いの間口を広げていく（図1）。つまり、子どもの気持ちが混乱や引きこもりのグレーゾーンに入りつつも、他者からのサポートを受け、安定状態に戻ることを繰り返すことで、他者への注意が喚起され、他者とのかかわり合いが広がり、マイペースが少しずつ軽減されていく。ただし、「ずらすこと」の働きかけが「完全にずれて」いては、むしろパニックや反応低下を引き起こすことになり、逆効果となる。

この支援は、就学前療育から展開すべきものである。例えば、手遊びは活動手順がルーチン化されているために子どもが見通しをもちやすい対人交流遊びである。そういった手遊びのパターンやかかわりのタイミングなどを適度な範囲内で少しずつシステマティックに変えていくことが、一つの実施例と言える。そして、就学後もこのタイプの支援を形を変えて継続していくことが状況の変化への耐性を高め、思春期以降の安定につながっていく。

学童期以降の具体的支援で大事になってくるのは、マイペースを押し通せない状況の見通しを伝えることである。例えば工作の要素を含む作業的学習では、他者と共同で使う材料や道具の数を調整することによる、「○○を使うときだけ、作業手順を一時ストップする（待つ）」という見通しの下でマイペース的な作業遂行を軽減することからスタートし、共同作業につないでいくことが考えられる。

ゲームをする場面では勝敗表を利用するなどして、「一回ごとの勝敗ではなく、数回の中での勝敗を考える」ことを促したり、負けたときのふるまいを事前に約束したりすることで勝ちへのこだわりが軽減され、負けが受け入れやすくなる。

マイペース軽減のための支援で最も大切なことは、「安心感を保障しつつ、本人が許容できる範囲内での状況変化を体験すること」である。活動のルーチン化（パターン化）や構造化アプローチなど、見通しの立ちやすい環境設定の重要性は、こういった点にもあると言える。

社会的状況理解のための支援 〝ソーシャルストーリー〟

ソーシャルストーリーとは、高機能児の社会的トラブルに高い有効性をもつ支援方法であり、一九九一年にキャロル・グレイが考案した。トラブルに直面する社会的状況を文章（または絵と文章）で書いたもので、その状況の事実経過、背景にある理由、本人の行動が及ぼす結果、そこにかかわる他者の意図や気持ち、そこで適切にふるまうにはどうすべきか、その状況で適切にふるまうことの結果などを、理に適う形で分かりやすく伝えるものである。

ストーリー作成のポイントは「状況の事実経過とその理由を、自閉症の認知的特徴を十分に考慮して書く」ことである。一般には暗黙に了解できるような事実関係や理由を、丹念に説明することが求められる。状況の成り立ちを説明するだけでトラブルが

①
C先生は時々，教室で私たちに本を読んでくれます。本を読んだときに，C先生は私たちに質問をすることがあります。C先生が質問をするのは，クラスのみんなにいろんなことを知ってほしいからです。
これから本をよむよ
④
私は，C先生がすぐに正しい答えを言わなくても，静かに待つことができます。私が静かに待つことができたら，C先生も，クラスのみんなもうれしいと思います。
ほかにわかる人いる？
はーい
はーい
ちゃんとしずかにまてるよ！
⑨
最後には，クラスのみんなが正しい答えを知ることができます。正しい答えがわかったら，クラスのみんなはその質問に間違わなくなります。私も，その質問に間違わなくなります。みんな間違わなくなるのは，とてもよいことです。
⑩
だから，私はC先生が正しい答えを言うまで，静かに待つことができます。私が静かに待つことができたら，クラスのみんなも正しい答えを知ることができます。私が静かに待つことができたら，C先生もクラスメイトもうれしいと思います。私もうれしいです。
○○ちゃんも,みんなもうれしいね！
先生もうれしいね！
しずかにまてたよ！

〈図2〉文章と絵で示したストーリー。本来，10コマで展開しているもののうちの４コマ。

軽減する場合も少なくないが、それだけでトラブルの軽減が見込めないときは「その状況で一般に求められるふるまい」を提示する必要もある。

ただし、「○○すべき」という色合いが強くなると、ストーリー自体が子どもを支配的に統制する道具となりかねないので注意が必要だ。また、事実経過の理由が他者の心の動きにある場合は、他者の視点について説明する必要がある。断定的な記述を避けることも大切で、社会的状況とはその詳細部分がさまざまなバリエーションをもつので、固定的・断定的なストーリーによる状況理解では、柔軟な適応は実現されない（グレイ、一九九五年）。

〈図2〉は、就学前の女児Aさんを対象に作成したストーリーである。Aさんは自分の失敗に対する拒否感情が過剰般化して、他者の失敗への拒否が高まった結果、クイズ番組などのさまざまな質問場面で、気持ちの乱れが起こっていた。ストーリーでは、先生が質問をすることや答えをすぐに言わない理由、他の園児がさまざまに応答する背景、最後には、皆

「ヒーロー人形の箱を開けたくなること」…のおはなし

ぼくはおもちゃ屋さんに行ったとき，ウルトラマンや仮面ライダーたちの人形の箱を開けたくなります。

それは，中に入っている人形がちゃんと立つか，軟らかいか，ちょうどいい大きさかを知りたいからです。

人形が立つか，軟らかいか，ちょうどいい大きさかを知りたいときには，最初におもちゃ屋さんに箱を開けて確かめてもらえるか，聞いてみます。

もし，そのおもちゃの箱が，お金を払っていなくても開けることができるときには，店員さんは，人形が立つか，軟らかいか，ちょうどいい大きさかを確かめてくれるかもしれません。

でも，お金を払ってからでないと箱をあけられないときには，店員さんは「お金を払わないと，箱は開けられないよ」と言ってくれます。

箱を開けられるか開けられないかは，店員さんが決めることです。

お金を払わないと開けられないときには，中身を確かめることはできません。

でも，それはしかたありません。ぼくは我慢します。

これは，ルールブックにも書いてあることです。

ぼくは，おもちゃ屋さんでかってにおもちゃの箱を開けることはしません。

最初に店員さんに，箱を開けてもらえるかどうか聞きます。

そうすれば，お母さんも店員さんも，だれも困りません。

ぼくもおもちゃ屋さんで，しかられないでいられます。

〈図3〉文章のみで示したストーリー

が答えを知って間違わなくなることなどを盛り込んだ。実施後一か月ほどで、Aさんの気持ちの乱れは消失した。

〈図3〉は文章のみのストーリーである。対象の子どもは小学四年特殊学級在籍の男児B君で、玩具店でヒーロー人形の箱をかってに開けてしまったり、「箱を開けてよいか？」との質問を母親に繰り返していた。このストーリーの中にあるルールブックとは、B君がADHDを合併していたために、ストーリーの要点を「質問・答え・理由」の形式で記載してトラブル状況ですぐに確認できるようにした手帳である（図4）。ストーリー実施後二週間ほどで、反復質問および箱を開けることは激減した。

ストーリーはあくまで子どもの困難を解決するためのものであって、子どもの問題行動を抑えることを目的としたものではない。実際、グレイの最近の著書（グレイら、二〇〇二年）には、子どものごく普通の日常場面を扱ったストーリーが紹介されている。

〈図4〉ルールブック

例えば「おひるねって、なに?」、「でんわがなるのは、どんなとき?」、「スーパーって、なに?」といったものである。自閉症の子どもたちは、だれもが当然のように思っていることにまったく気がついていない、どうしていいか分からないということが多い。そういった子どもたちの戸惑いや不安が、さまざまな社会性トラブルの根底にあることへの認識が、本人サポートに資するストーリー作成には必要不可欠である。

また、感覚知覚過敏などの強烈なネガティブ体験にかかわるトラブルには、ストーリー自体がフラッシュバックの引き金になる可能性があるため、適用が非常に難しく、使用を控えるべき場合も多い。ストーリーの安易な作成と使用で、トラブル状況をかえって増悪させる場合があることに留意すべきである。

〈参考文献〉

○安達潤・笹野京子「高機能広汎性発達障害の就学前女児が示すパニック反応に対する社会的ストーリーの適用」『小児の精神と神経』第四三巻(三・四号)、P.二四一・二四七、二〇〇三年
○安達潤「境界知能水準にある高機能自閉症児の反復質問行動に対するルールブックと社会的ストーリー適用の試み」『日本特殊教育学会第四一回大会発表論文集』P.二〇八、二〇〇三年
○ドーソン、G・レゥイ、A(一九八九年)「自閉症児の覚醒と注意と社会情緒的障害」『自閉症 その本体、診断および治療(第3章)』日本文化科学社、P.四七・六九、一九九四年
○フリス、U(一九八九年)『自閉症の謎を解き明かす』東京書籍、一九九一年
○グレイ、C(一九九五年)「社会的状況の『読みとり』を自閉症の子どもたちに教える」『社会性とコミュニケーションを育てる自閉症療育(第9章)』松柏社、P.三三七・三七五、一九九九年
○グレイ、C・ホワイト、AL(二〇〇二年)『マイソーシャルストーリーブック』スペクトラム出版社、二〇〇五年
○杉山登志郎「二一世紀の自閉症教育の課題 異文化としての自閉症との共生」『自閉症スペクトラム研究』創刊号、P.一・八、二〇〇二年
○米島広明 「幼児期療育の実際」第一九回北海道児童青年精神保健学会 分科会1(セミナー:「静療院における自閉症児への発達援助——幼児期を中心に」)における報告、二〇〇三年

解説 3

暴れるという表現方法をとってしまう子どもをどう理解するか

並木典子（前出）

高機能広汎性発達障害の子どものいろいろ

人それぞれ個性や気質が違うように、高機能広汎性発達障害（ＰＤＤ）と診断される子どもも、それぞれ個性や気質が違う。高機能広汎性発達障害の中でも、とりわけ攻撃的な言動を容易にとってしまう子どもは、対応に困難を覚えることが少なくない。

周囲の子どもたちへ暴力が及ぶことは危険であり、また、巻き込まれた側や対応する教師の側も不快な気持ちになることが多く、冷静に状況を把握しにくく、適切な対応をとることがことさら困難になりやすい。暴力的なタイプの高機能広汎性発達障害の子どもは、学級崩壊につながなることすらある。

ここでは、暴言を吐いたり暴力を振るうといった攻撃的な言動をとってしまう高機能広汎性発達障害の子どもを、どのように理解するかを考えてみたい。

対応する側が冷静になれるように、暴れるという行動の背景にある病理を理解することから始めたい。

暴れる背景を考える

暴れる高機能広汎性発達障害の背景にある問題を、事例を通して考えてみよう。

〈事例1●A君の場合〉

少し前までは、クラスの友だちがやっているサッカーに興味を示さず、一人でポケモン図鑑を読んで昼休みを過ごしていたA君だったが、最近になってサッカーに興味をもつようになり、友人たちがサッカーをしていると参加するようになった。

ここまではよいのであるが、不器用なA君の所にボールが来ても、すぐに相手チームの子にボールを取られてしまうことが繰り返された。するとA君は、「何するんだ！　僕の邪魔するな！」と怒りだし、ボールを取った相手の子の足元にあったボールをつかんで持っていってしまった。

「待てよ、かってにボール持っていくなよ」と相手の子に言われ、さらにボールをその子に取り上げられたA君は、「僕のボールを取るな！」と大声で叫んで相手の子を殴りつけ、さらに足をけり上げてしまった。

A君は、まず、サッカーというゲームがボールの取り合いであること自体を理解していたかどうか疑問である。相手チームの子がボールを自分から奪ったことを、「自分がけろうとするのに、かってにボールを持っていってじゃまをした」と考えてしまった。さらに、自分が手でつかんで持っていったボールを取り返されたことで逆上してしまい、そのことで腹を立てて暴力を振るう結果となった。

A君自身は、相手の子は、ボールをけろうとした自分を邪魔をして止めたということにだけ目が行ってしまったのである。これは、サッカーにおいて起きる状況の意味を理解していなかっただけでなく、

A君はこれまで、ほかの子どもとの交流を避けてきたために、自分の行動を止められた経験もなく、そのために、行動を止められたことに怒ってしまったのである。高機能広汎性発達障害の子は、全体的な場面の理解や、他者の意図や気持ちを把握することが困難なために、行動の因果関係を、このように一面的にとらえやすい。

ただし、自分の思うようにいかない場合に腹を立てるということは、実はだれにもありうることである。

しかし私たちは、むやみに腹を立てるのではなく、どのようにしてそうなったのか、全体状況を理解しているので、自分に対して納得をすることが可能である。また、腹が立ったときの感情の表現のしかたも、いきなり殴るのではなく、適切な表し方を選択することができる。しかしA君の場合には、腹が立ったときに状況を理解できず、暴れる以外の方法を知らないのである。

〈事例2●B君の場合〉

次の事例は、「場面の切り替えが苦手」と言われるようなケースである。

B君の担任（二十代女性）は困っていた。B君は、自分の得意なことや興味のあることならば取りかかりはよいのであるが、授業が終わってもやめようとしない。無理にやめさせようとすると大暴れをすることがあるので、担任は対応に困惑していた。

ある日、彼の好きな図工の時間が二時間目にあり、B君は熱中して取り組んでいたが、三時間目の国語の時間にも絵をやめようとしなかった。B君はそのまま描き続け、ついに給食の時間になった。そこで先生は、B君の好きな給食だからと言って終わらせようとしたところ、B君はよほど熱中をしていたのか、「終わらない！　給食も食べない！」と怒りだした。それならばと給食なしで続けさせ、給食も片づけてしまった。

ところがB君は、やっと絵を描き終えると、今度は「給食を食べられなかった！」と怒りだした。あげくの果て、暴れ始め、いすを振り回し、隣の子に当たり、けがを負わせる騒ぎとなってしまった。

日ごろから彼は、苦手な授業には取りかかりの時点で「いやだ!」と言い始め、先生が手伝うからいっしょにやってみようなどと促しても、「るっせぇ、ばばあ」「バーカ、やらねーよ」と悪態をつき、さらに暴れることを繰り返していた。

担任教師が家庭に、このようなことがあることを伝えると、両親は、「学校の対応が悪い。Bは、家では両親の言うとおりに勉強もできている。保育園までは、こんなトラブルは一度もなかった」と、逆に教師の力不足でこうなっていると非難されてしまった。

この事例の場合、学校での授業の基本的なルールの理解や、教師の指示や働きかけを受け入れる下地そのものができていないことが明らかであり、対応としては、学校における決まりを教えることが第一歩である。

だが一方でB君は、苦手なことに直面したときに、どのように周囲に助けを求めればよいのか学んだ経験がなく、そのような場面で、暴れたり悪態をついたりするという行動のみを、ひたすらとってしまっていることにも注目する必要がある。

高機能広汎性発達障害の子の知能検査を実施していると、一つの問題につまずくと、「嫌だ」「うるさい」と怒りだすケースに出会うことが珍しくない。これは検査への拒否ではなく、「答えが分からないのだったら、『分からない』と言えばいいんだよ」と教えると、怒らずに検査をスムーズに続けることができるようになる。そのような場面での対応方法を、学んでいないだけなのだ。

また高機能広汎性発達障害の子どもたちは、一対一の場面と集団とでは、著しく行動が異なることは珍しくない。

これは集団場面では著しく刺激が多く、これらの子どもたちが混乱するからである。家庭では、母親の言うことをある程度聞くことができるのに、学校の集団場面で行動ができないのはそのためである。

次のC君にもB君と似たような問題あるが、さらに別の問題も抱えている。

〈事例3●C君の場合〉

C君には「禁句」がある。「それは違うよ」と言われると、「ワーッ!」と頭に血が上ってしまうのである。そのうちに、「違わない! 違わない!」と混乱したように叫び続けて、そこで収まらないと、そばにある物を手当たりしだいに投げ、投げる物がなくなると、床に寝そべって手足をばたばたさせる。そばに人がいれば、け飛ばしてしまうこともあった。

禁句を言われなければ暴れることはないのだが、ことばをよくしゃべるC君は、人を不快にさせることも平気で言ってしまったりする。「C君、『○○』という言い方は、言われたほうはとても嫌な気分になるから、言わないほうがいいよ」と注意すると、「僕は嫌じゃないもん」と言い、友だちが怒ると、逆に「何怒ってるんだ! すぐ怒るようなやつとは遊んでやんないからな!」と逆ギレてしまう。

ある日、集会で校長先生の話に退屈したC君は、「あーあ、退屈な話だなぁ」と大声で言ってしまった。それが聞こえた校長先生に、今度は、「その態度は小学生としては違うでしょう」と禁句でたしなめられ、わっとパニックになって「死んでやる」と大暴れをし、先生がたをあきれさせた。

「違う」ということばだけで自分をすべて否定されたようになり、「違う」中身に考えが至らない。

なぜ、こんなことが起きるのだろう。それは、「違う」ということばと、C君にとってとても不快だった過去の場面が結び付いていて、「違う」ということばで、その場面に戻ってしまうのである。こんな経験が重なると、反射的に「違う」ということばを引き金にパニックを起こす状態になってしまう。対応する側は、「違うよ」ということばを使わずに、C君にこちらの意図を適切に伝える方法を見つけることも必要となる。

その一方で、普通、こんなことを言えば相手が嫌がるだろうということは、まだ十分に理解ができていない。そのようなことばを口にしても、「相手が嫌だと思っている」ということもピンとこないし、相手が怒っている理由も見当がつかない。

対応を考えるうえで配慮したいこと

暴れたときの対応としては、基本的には、パニックを起こしたときと同様に落ち着かせることが重要であり、また、周囲に危険が及ばないような配慮が必要である。彼ら自身への対応としては、暴れたことに対して罰が与えられるのではなく、暴れないで済ませられるための術を身につけられるように、教育的な援助をしていくという姿勢が基本である。

パニックを起こさせないようにする配慮も大切だし、「できなかった」体験は極力少なくしたいが、学校は、さまざまな体験を通して学ぶ場である。失敗体験によって、逆に子どもの課題が明らかになるので、失敗を通して学ぶ姿勢を、教師も子どもも共にもつようにしたい。

高機能広汎性発達障害の子どもたちに接するときの注意をまとめておきたい。

ことばの達者さに比べて、状況の理解が伴っていないことである。またA君やB君のように、遊びの基本ルール・学校の基本ルールから教えなくてはならないことが一般的である。

さらに、その子のことばの理解力を配慮することが必要である。日常でよくしゃべる子だと、つい話しことばでやりとりをしてしまいがちだが、話すことと聞くこととは別である。話しことばを聞く側になると、ことばの内容ではなく、音声や相づち、表情のほうで情報がいっぱいとなり、肝心の話の中身がまったく入っていないという場合もある。

またC君のように、相手の気持ちの理解ができていない「心の理論」の課題をクリアしていない子に対して、相手の気持ちを考えてと言っても、よく分からないことを知っておく必要がある。

　暴れるという言動は、見た目が派手なだけに、そのこと自体をなんとかしたいと思いがちだが、その言動に至る背景のハンディキャップを理解することで、根本的な対応を見極めることができるようになる。

　また、高機能広汎性発達障害の子を取り巻く周囲の子どもたちへの配慮も忘れないようにしたい。周囲の子どもたちは不快感をもっているのに、当の高機能広汎性発達障害の子はなんとも思っていないということもあるため、高機能広汎性発達障害の子へのいじめにつながることも多い。高機能広汎性発達障害の子の苦手な対人関係を育ててくれるのも、周囲の子どもたちである。

　クラス運営の中で、認め合い、支え合う関係をつくっていくことが望まれる。

解説 4

なぜ、虐待を受けてしまうのか

高機能広汎性発達障害児と虐待

小石誠二（あいち小児保健医療総合センター 心療科32病棟病棟医長）

近年、虐待への対策の重要性が広く認識され、児童精神科医たちが相談を受ける機会も増えているが、その中で、被虐待児側に発達障害圏の問題が見られる例も多いことが指摘されている（浅井ら、二〇〇二）。

養育者の側に、虐待の意図や自覚の乏しい入院症例が見られる。こういった症例を通し、発達障害児が被虐待につながるしくみを検討し、介入ならびに予防の方法について考えてみたい。

なお、ここで提示する症例は、プライバシーへの配慮のため、大幅な改変を加えている。

母親にも同じ症状が見られたA君

【家族歴】

A君は両親との三人家族で、父はおとなしく、母に追随している。母は専業主婦で、A君の育児困難からうつ状態になり、通院中だった。

【既往歴】

乳児期には非常におとなしく、手がかからなかった。母親もA君の様子を特に気にせず、毎日たっぷりと時間をかけて、きちょうめんに室内の掃除などをしていた。A君は運動発達は正常で、始語は一才九か月と遅めだが、平均に追いつき、多弁になった。幼児期から、多動や、道順や時刻へのこだわり、人称の逆転、一方的なかかわり、要求固執などがあった。

【現病歴】

小学校入学以来、多動で指示が通らず、状況把握も不良だった。授業中に担任に甘えて独占しようとしたり、教室を飛び出したりするため、特殊学級に在籍したが、次第に通学しなくなった。

それからは、母親が一日中めんどうを見ていたが、おもちゃを買うことへのこだわりが強くなり、毎日おもちゃ売り場へ行くことを母親に強要して、何か買うまで泣き叫び続け、さらには暴力を振るった。自宅でも、ささいな要求が通らなくてもパニックになり、器物破損や対人暴力が続くようになった。

児童精神科に受診し、高機能広汎性発達障害と診断されて、抗精神薬などを処方されたが衝動やパニックが減らず、自宅養育が困難なため、小学校二年生の時に入院となった。

【入院後の治療経過】

WISC—Ⅲ知能検査では、全知能指数八八と正常範囲だが、類似や絵画配列が極端に低かった。

入院中、母親に会いたいと騒ぎ、しばしばパニックを起こしたが、これには、医療スタッフが抱きかかえて対応した。看護師（女性）への極端な甘えと独占欲が目だち、ほかの子どもや医療スタッフへの暴言や小暴力も頻発した。行動の予定を視覚的に伝え、待つことなどができるとほめるという基本的なパターンで根気よくかかわったところ、徐々に行動が安定し、パニックも減少した。

入院後の面談で、母親に認知のズレ、こだわり、爆発性などが目だつため、母親の生育歴を検討した結果、母親にも高機能広汎性発達障害があることが明らかになった。

母親は、A君の特性に合わせて対応を調節することが困難であり、不適応行動には物を与えてごまかすといった対応をとり、時折かんしゃくを起こしては、A君を長時間怒鳴りつけるパターンだったことが判明した。入院後の指導に対しても不快記憶を連想して興奮することが多く、支援には難渋している。

「殴られ続けてきた」と言うB君

【家族歴】

B君は両親と姉との四人家族。父は大企業の研究職で、表向きは人付き合いよく、きちょうめんで温厚篤実だが、一面では爆発性もあった。母親へも、突発的な暴力があった。母親は努力家で生真面目な専業主婦であるが、学生時代までは忘れ物が多かったとのことである。姉は、対人関係も学業成績も良好という。

【既往歴】

発達は言語も含めて早めだったが、乳児期から夜泣きが激しく、多動であった。始歩以来、日常生活場面でも他の子どもとの遊びの場面でも、禁止された行動をあえて反復することが極めて多く、なんとか修正しようと焦った両親は、育児書を参考にしつつ試行錯誤する一方で、一貫してかなり激しい体罰を加えていたという。

幼稚園でも多動や協調性に欠ける行動が目立ち、要求がすべて通らないと大騒ぎするのが常だった。年長組の後半になって、ようやく着席や集団行動が可能になった。

小学校ではすべての科目で成績良好だったが、友だちとのトラブルは多く、二年生時に児童相談所で診察を受け、注意欠陥多動性障害（ＡＤＨＤ）と診断された。

その後、本人は通所を拒んだが両親のみで継続的に相談に通い、しつけに暴力を用いるのをやめた。小学五年生の時にテレビゲームを購入したところ、いったん始めるとやめられず、毎回大騒ぎになった。学力は高く、私立大学付属の中学校へ入学した。

【現病歴】

中学一年生の一学期に友だちともめて興奮し、担任が制止しようとしたが、抜毛しつつ、約一時間にわたり「両親が自分を半殺しにするために窓の外に来ている」などと騒いだ。

以後、本人も月一回通院するようになり、少量の内服薬を処方された。受診時にも、意に沿わないことがあると、「自分は幼少時から殴られ続けてきた」などと言い募り、話すうちにさらに興奮して、母親の髪を引っ張る、首を絞めるなどの暴力が見られた。

日常生活でも作話傾向が目だち、両親はB君の言うことをいったんは疑ったが、その一方で昔のことについては皆が忘れているようなことを覚えていたりするため、結局、両親はかなり荒唐無《む》稽《けい》な話でも信じていた。

知能検査上は、すべての領域で高得点だった。学校でのトラブルは徐々に減ったが、自宅ではよく興奮して、壁を殴って穴をあけた。棒切れなどを拾ってきては自宅に隠し持ち、自宅内で振り回して暴れた。

中学一年生二学期のある夜、テレビゲームのことで母親と口論になり、特に激しく物を壊して暴れた。父が制止に入り、乱闘になった。家族と近所の人でB君を取り押さえて、担当医に連絡した。担当医の紹介で緊急入院となった。入院時、興奮していたが、意識は清明だった。「姉がけり殺しに来る」などと家族に対して強固な被害妄想があり、「両親が迫害する」と被害的な意味づけをしつつ、昔のエピソードを話し続けては興奮するため、個室に収容した。

【入院後の治療経過】

内服薬を継続しつつ受容的に接したところ、被害妄想は速やかに消失し、興奮も治まり、入院四日目には大部屋に移った。

知的能力は高く、知識も豊かで、思考もはやく、論理的整合性はある。しかし判断や解釈には、常識的な感覚から外れる点が多かった。会話は形式的には成り立つが、意思の疎通には困難が大きく、相手の気持ちや態度には無とんちゃくで、一方的に話し続ける態度も顕著であった。生育歴上も、幼児期に道順などへのこだわり、収集癖や常同的行動が目立ち、アスペルガー症候群と診断された。

冷静になった後も、自分の幼児期の状態についての被害的な意味づけは変わらなかった。「自分は両親の虐待で人格を破壊されてしまって廃人になったので社会の廃棄物だ」と、繰り返し語った。

両親も、養育に関する無力感を表出した。本人および家族の不適応感を軽減するため、幼少期からの問題行動には生来的な要因の関与が大きく、両親のしつけや本人の心がけの問題でないことを繰り返し伝えたところ、徐々に、本人と家族との間のコミュニケーションは円滑になった。

未解決の問題は多いが、復学が困難になるのと自己評価を低下させるのを避けるため、入院二週間で退院とした。退院後は、外来で対応した。日常の出来事に関するB君の被害的な意味づけを是正し、家族には、B君の言い分に解説を加えて伝えるなどの、認知修正的なかかわりを行い、本人並びに母親の自己評価の向上に努めている。今は、小康を保っている。

高機能児が虐待を受ける要因

高機能児が虐待を受けやすい要因として、以下の点が考えられる。

①ほかの能力はよく発達しているので、生来的な切り替えの悪さや、こだわり、常同行動が、障害として理解されにくいこと

②多弁でことばの発達がよいように見えるため、オウム返しを交えつつ、反射的な反論に終始して指示に従えないパターンや、聞き覚えたことばの中からインパクトの強そうな憎まれ口を選んで、意味もなく反復するパターンが、養育者の陰性感情をかき立てる

③聴覚的な情報が行動の指針などでなく、単なる情動刺激になりがちなため、口頭での指示を無視し

ていると誤解される

④周囲からは障害として認められにくいことから、養育者は不当な非難にさらされて育児に関して不全感をもち、自己評価が下がって疲弊しがちで、子どもに対して被害的になりやすい

⑤子どもが多動や挑発行動をもつ場合、問題行動が頻発し、それに対して養育者が常識的に怒りや叱《しっ》責《せき》を加えてしまう。それが逆効果になって、子どもの行動がエスカレートして体罰から虐待に発展する

⑥口頭では各場面での正しいふるまいを答えられるが、実際の行動には結び付かず、身についた不適応行動を反復してしまう〝知っているが分かっていない〟状態が、養育者には「わざと」「悪意で」する行動と映り、怒りと体罰のエスカレートにつながる

⑦A君の事例に見られるようなケースも決して少なくない。養育にあたる親も同じ発達障害を持っていて、認知のパターンに自閉症圏特有の傾向があり、子ども側の認知の特徴に合わせた柔軟な対応が困難で、虐待に至る。また、A君の事例のように親が爆発性から極端に激しく叱責したり、体罰を加えたりする状況になると、子どもの病態は重く複雑になる

高機能広汎性発達障害における虐待と、悪性の（迫害的）ファンタジー

B君の事例から学ぶべき点として、一つが挑発行動への対応の難しさ、もう一つが迫害的ファンタジーの問題である。

読者はB君の事例の激しさに驚かれるかもしれないが、間違った対応の積み重ねから、非常に対応の困難な迫害的ファンタジーに至ることはまれではない。

幼児期に周囲の状況が理解でき始めると、急にかかわりを多く求めるようになりがちである。この時期に、手のかからなかった時期と同じ調子で接して

いると、「指示に従って行動してほめられる」などの適応的な対人関係パターンが不足し、「挑発行動で怒りの反応を引き出す」という、子どもにとっては〝手っ取り早く、かつ見通しの立ちやすい〟かかわりの求め方が増える。

このときに怒りや叱責で対応すると、「反応の得られた行動は増加する」という原則どおりに挑発行動が増加し、これが子どもの対人関係の基本的なパターンとして定着する。

さらに、事実経過の記憶に、暴力的なゲームやテレビの内容などの影響を受けたファンタジーが混ざって不快記憶が増幅され、実際の体験として認識されてしまう。これらを不快な場面で一気に連想し、パニックを起こしたり、養育者を攻撃したりする。さらにこの攻撃自体により現実的な利得や養育者の反応が得られると、これが常態化し、場面や攻撃対象も汎化し、処遇困難となる。

家族も、子どもの問題行動を敬遠して必要な指示や禁止ができなくなり、子どもがその時々の衝動的な意向で行動することを容認してしまう。一方で陰性感情を募らせて、時折、意識的・無意識的にそれを子どもに伝える。この状態に至ったのがB君である。

医療はどう対応するか

育児が子どもにとって虐待になってしまい、二次障害として問題行動のパターンが確立してしまった場合、治療としては適応的な行動を取らせ、ポジティブに評価して自己評価を回復させることになる。その余裕をつくるには、日常生活の中で問題行動の生じる仕組みを検討し、その悪循環のどこかの部分に介入して行く事が必要となる。

このために、薬物療法によって子どものもつこだわりや爆発性の軽減、睡眠パターンの改善を図ることが、ある程度有効な場合もある。家族にも、子どもの認知のパターンを理解し、かかわり方を調整してもらう必要がある（枠組みを緩めて甘やかすことではない)。

家族全体が子どもの不適応行動に組み込まれたシステムになってしまっていることも多く、入院などで大きく環境を変えたうえで、日常のパターンを検討する必要もある。

求められる地域の支援

高機能広汎性発達障害の子どもは、虐待に遭う可能性は低くない。また、保護者が育児に難渋することが多い。こういったことを、広く一般に認識されることが求められる。

また、乳幼児健診の精度をさらに向上し、早期発見・早期介入が行われることも大切である。

保護者に意識的・無意識的に生じる陰性感情は、育児の努力が報われない思いから生じる。気軽に相談でき、しかも発達的な観点から適切な指導を行える地域支援システムが求められる。

〈参考文献〉
○浅井朋子ら「育児支援外来を受診した児童七九例の臨床的検討」『小児の精神と神経』42(4)P二九三〜二九九、二〇〇二年

手記

アスペルガーで生きていく

藤家寛子
（作家）

幼い日の思い出

私のいちばん古い記憶は、鼻が取れてしまいそうなほどくさかったドクダミのにおいである。そのにおいは勢いよく鼻を通り越え、脳に体当たりしてくるような衝撃を私に与えた。苦い何かが、体中を駆け巡るようなスピードで私を襲ってくる。分かるのは、その恐怖だけだった。そのときの私にできるのは、狂ったように泣き叫ぶことだけだった。

ごみ収集車。煙霧消毒。普通の人が「くさい」と感じるものは、私にはすべて毒であった。今でこそ毒だとたとえられるが、当時の私には、そういう比喩法さえも与えられていなかったため、始終泣き叫んでいることしかできず、家族は、首をかしげてばかりの生活を送っていた。私がドクダミに泣いていると気づいたのは、大叔母がたまたま、ドクダミの前で泣き叫んでいる私を目撃したためで、それ以降、私は「ドクダミで泣く、妙な子ども」という名まえシールを手に入れたようだ。そのシールを手に入れると、両親はとにかく私が泣き叫ぶことだけを回避しようと、ことごとくにおう物から遠ざけようとしていた。

著者一歳半のころ。母と共に

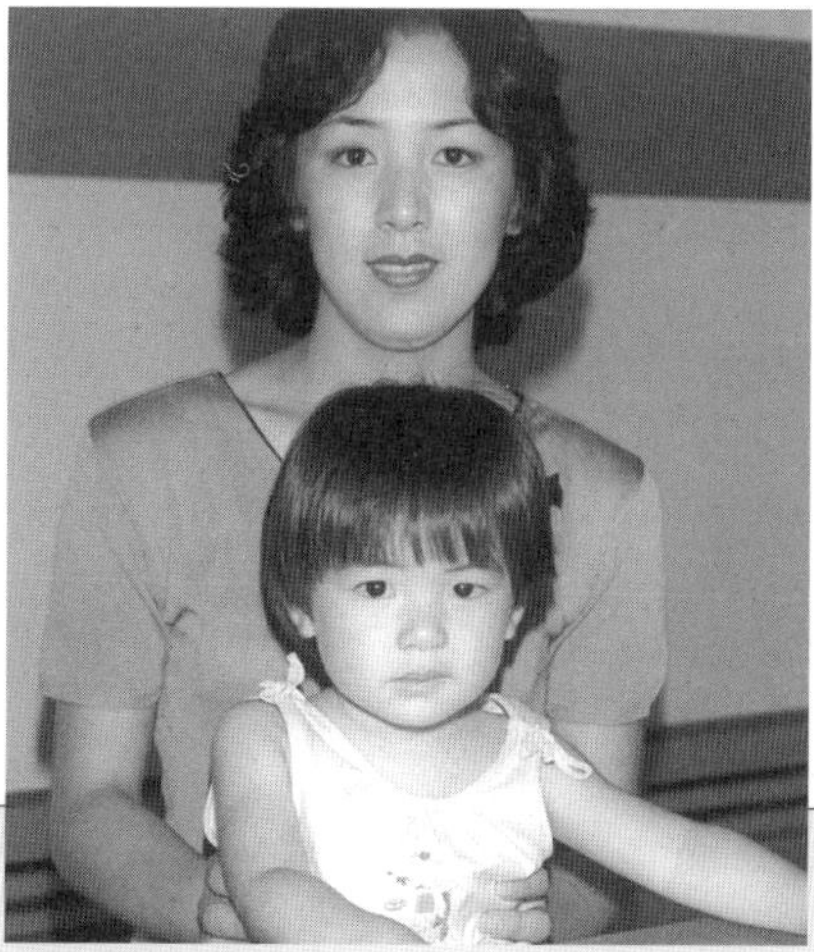

私が泣き叫ぶ原因は、まだある。

甲高い金属音は、私がいちばん苦手なものだ。甲高い声もダメだった。音がするたびに、私はうなっていた。口を閉じながらうなっていたのは、「決して声を荒げてはいけない」という決まり事が徹底された家庭環境に育ったためで、心から泣き叫ぶことができず、耳鳴りを助長した。

また、耳の内側から響いてくる不気味な音も、私を長らく脅かしていた。大きくなっても不気味な音は消えず、小学校高学年のころ、妊婦の羊水超音波検査の音がそれだと気づいたが、まだ不気味な音は、私の耳のそばで鳴るときがある。ボォウボォウとうなるように響く音のせいでいつも頭が混乱し、私は少しの物音でもヒステリックに反応する性格になっていった。

常に騒々しい頭の中に、車の音や人の話し声が入り込んでくると、めまいが始まる。天井も壁も床も回り、しだいに自分の方へ押し迫ってきているように見えた。叫ばなければ息が止まると思い、私は大声で泣き続けた。泣くこと自体が、パニックから回避できる唯一の手段だった。声は熱になり、喉を通り過ぎて、発散したという確かな感覚を体に与えてくれる。その後、パニック回避の「声」は自分をかむことに変わり、そして、クッション・パンチに落ち着いた。

成長とともに、許容できる音もいくつかは増えたが、それがなくなることはない。甲高い音が響くと、こめかみ付近の髪の毛を、突然引っこ抜かれるような痛みが走る。小さな私は、痛みの原因を知らないだけだった。

私は幼稚園時、初めてプールを体験した。その経験は、かなり深刻な結果をもたらした。私は、雨に当たると痛い。これは、私の感覚障害の一つである。水滴は体中に針を刺されているような感じがし、当然、プールのシャワーを浴びた時点で、私はひどくおびえてしまったのだった。次に、「腰洗い」と呼ばれる水の溜まった階段を通り過ぎるのだが、強烈な消毒液のにおいで、私の体は固まって動かなくなった。

それは、泣くとか、叫ぶとか、パニックの域を大きく通り越し、そのときは、保育士に持ち抱えられる状態でプールの中に押し込められたと思う。はしゃぎ声、水しぶき、先生の笛。初めて体験したプールは、長年、私の「怖いものリスト」一位の座を独占することになった。消毒したプールは、感覚障害の多い私には、原液のままの台所用漂白剤の中に閉じ込められるようなものであった。

分かれていった性格

　小学校では、五感の感覚障害問題は日常と化し、それが普通なのだと思うようになっていた。このころ問題になったのは、情緒面のほうだ。私は「成績優秀な優等生」と呼ばれ、それが同級生からのイジメにつながったのだ。教室で問題行動を起こすどころか、むしろ、みんなのお手本と呼ばれることが日常だった私は、ひがみの対象となり、いつまでも同級生と同化できずにいた。

　そのころ、私は「ねたみ」の感情をもつことも、人の「ねたみ」の感情を理解することもできなかった。感想文のコンクールの最終選考にもれ、相手に「地区審査、入選するといいね」と言えたのは、先生に「選ばれた人を一生懸命応援してあげよう」と、道徳の時間に教わったからだった。先生は私を「性格のいい子」と解釈し、結果、「とても優しい子」と、同級生のお手本にさせられた。

　ねたみの感情は、それをもち合わせていなかった私にイジメをもたらした。素直に人を応援できる私の特性は、同級生の目には大人のご機嫌取りに映り、陰口やシューズ隠し、女子の一斉無視になっていった。

　「先生が、選ばれた人を応援しなさいって言ったじゃない。○○ちゃんは、どうして応援してあげないの？」という発言自体も、私へのイジメにつながっていった。人に不快感を与えないための話し方を知らないうえに、私の発言を不快に感じる人もいるということも知らなかったのだ。

　私は、先生の言うことを必ず守る。完ぺきを求められれば完ぺきを返す。いつも選択肢はなく、人生は常に受け身状態であった。中学生になるまでねたみの感情の把握はできず、中学生になった私にできたのは、「人にはねたみの感情があって、それをもっていることは自然なことで、もちすぎた人が嫌がらせをすることもある」と合点できたことだった。理解できたというよりは、結果に納得して片づけたという具合だった。

　ねたみはほんの一例で、私の中には今も、実感より納得優先の感情が多くあると思う。私の場合、考え方の特殊性はそれほど問題にはならず、深刻だったのは、イジメで受けた精神的・肉体的なダメージのほうだった。

　「友だちと仲よく過ごす」ということを教わりながら、私は常にイ

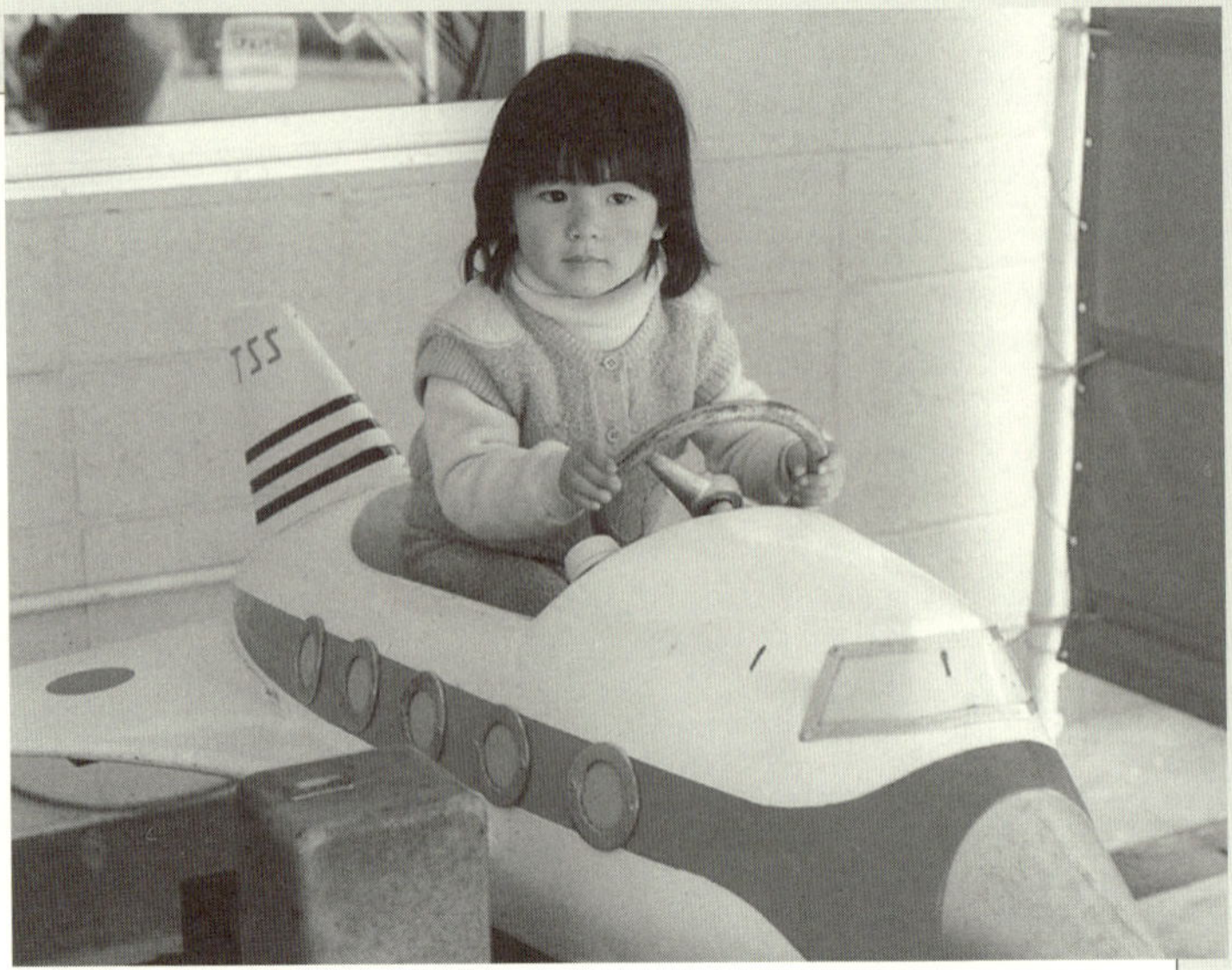

著者２歳のころ

ジメの対象であり、言いつけを守れない自分への劣等感と、イジメで負った胃潰瘍《かいよう》に悩まされることになった。ことばの解釈の特殊性がイジメの原点であったとしても、結局いちばん私が苦しかったのは、慢性化した潰瘍の痛みと、年中続く吐き気であり、それらは、元来少ない体力の消耗を早めることとなった。そんな毎日で唯一楽しみだったのは、空想の世界に浸ることだった。

　私は、幼いころから世界を「おもちゃ箱」ととらえ、生活は、だれかが書いたシナリオどおりに巨人が動かしていると思っていた。私は私という役。両親はこの人たちが演じている。友だちも役の一つ。そして、それぞれの性格は、登場人物紹介の説明書きだと思っていた。私が自分を魔女だと思うのも、登場人物紹介の詳細に、「巨人が動かしていると知っている子。自分を魔女だと思っている。大人好きするため、同級生のイジメに遭っている」と書かれているからだ、と。私が巨人を空想することも、シナリオどおりだと思っていた。

　そこに新しい役が加わったのは、小学校四年生のころだった。人には、喜怒哀楽の感情がある。新しく増えた役は、やたら怒りの感情だけが突出し、幸いその感情を、つらい日常を乗り切るための気力に変換できる機能を持ち合わせていた。

　不思議だったのは、新しい役の人物が私であったことだ。私が増えたと思った。悪い気はしなかった。こなせることが増えたからだ。新しい私でいると、同級生の陰口を受け流し、先生からの期待を達成できた。何よりも最優先すべきことは、一日過ごしきること。新しい私は、悩む暇をつくらないのだ。悪い気はしなかったが、困ることは増えていった。知らない間に、先生や周囲の大人の、私に対する期待が高まっていたからである。そのたびに新しい私が本領発揮し、しだいに、新しい私を多く登場させたほうが、シナリオを早くめくることができると知り、新しい私で過ごす時間を増やしていった。

いつそうしたのか、明確ではない。もともとあった私が消えたわけでもない。ただ、生きることを優先したとき、私の中で二人の人物が、違う道を歩き始めたのは確かなことであった。その道が再び交わり、私が詳細の多い一人の人物になった背景に、アスペルガー症候群と判明した現実があった。

アスペルガー症候群への転生

私の人格が統合しやすいものだったとすれば、それは、生きるために解離したものであったからだ。私を生きにくくしていた原因は、私がアスペルガー症候群であることであった。それが判明し、人格を分けてまで頑張らなくてもよいと知ったのだ。期待は絶対と同じ意味にしか受け取れなかった私の性質が、アスペルガー症候群の特性であると知ったとき、同時に、私にもできないことがあっていいのだと知ったような気がする。それは、生まれ変わりにも近い気分であった。

すべての謎が解け、一人の人格に戻ったとき、私は二二歳になっていた。人生の大半の記憶は失われ、覚えているのは、地獄のような日々を通り抜けてきた疲労感だけである。しかし、私はむしろ、覚えていないことに安心を感じることが多い。アスペルガー症候群と判明した今、失われた悲しい過去よりも、これから生きていく道のりのほうが、ずっと長いからである。もちろん、困難にぶつかることも起きる。ただ、私は、前だけを見てゆっくりと歩いていけるのだから。知らない間に成人していたことに、とまどいはなかった。

世間一般で言うところの「守られるべき未成年」という概念をもたなかった私は、幼少期から責任感と自尊心を培ってきたのだった。その価値観をさらに強めたのが、ほとんど家族がかかわることのなかった我が家の環境の特殊性だったとすれば、私は知らない間に、生きていくうえで必要なものを学んできていたことになるのであろう。

よい結果を生んでいるものは、そのまま受け入れることにしている。しかし、五感の問題、ことばの認知力、アスペルガー症候群の特殊性は一生付き合っていくものだから、それは、これから学習していかなければならないところだ。いまだに人間を人間とのみとらえる癖は抜けないが、さまざまな概念は、ちゃんと学習できている。学習する過程に、私がアスペルガー症候群と判明したことと、周囲がアスペルガー症候群の特性を知ったことが大きな影響を与えたということは、言うまでもない。

自分の「頭の中」との出会い

アスペルガー症候群と診断を受けたとき、私は担当の精神科医から、この障害について初心者向けに書かれた冊子を渡された。基本症状である三つの障害のうち、「想像力の障害」という項目は、私を不幸のどん底にたたき落とした。そのときの私は、想像力が、日常生活全般に要する想像力を指し示していることに気づくことができず、ひたすら、この障害のせいで、作家への道が今までよりも遠のいていく不安感につぶされそうになっていた。

物事の全体が見えない代わりに、一つのキーワードで、ずいぶん深い所まで掘り下げて考えてしまう私の脳の中では、緊急時に現れる「ウロウロ寛子」が、ブツブツと何かを言いながら頭の中を徘徊していた。「ウロウロ寛子」は、実際に頭の中に現れる。しかめっ面をして、ロダンの『考える人』のように頭を抱えながら、私の頭の中をウロウロするのだ。

「想像力が欠如してる？ 想像力がないってこと？ どうするの、作家になりたいのに！ でも、実際のところ、私はいくつか本を書き上げていて、書き上げられている私の想像力の欠如とやらはどこにいったの？ もしや、知らない間に克服したのかも！ やったよ、私！……。いや、待て。実はアスペルガー症候群もどきであって、私はアスペルガー症候群じゃないのかも！ どうしよう。先生に言ったほうがいいのかな。もどきじゃ、アスペルガー症候群ではないわけだし。ということは、また、得体の知れないものに戻るの？ 黙っとこう……かな。いや、汚い！ 腹黒い！」

私の頭の中の「ウロウロ寛子」が、そんな具合に一喜一憂しているとき、実際の私は体育座りをして、ことばは発さずに表情だけで一喜一憂するので、はた目から見ると、とても妙であるらしい。

　それを医者に話すと、その想像のしかたがアスペルガー的なのだと教えられた。アスペルガー症候群の「想像力の障害」は、「こだわり」や「融通が利かない」ことに直結するが、そこに至るまでの想像のしかたが、障害の根底にあるのだと気づいたのだった。

生活するための知恵と工夫

　この障害の特性を、だれもがもつあたりまえのものだと思っていた私には、どういう行動、どういう解釈のしかたがアスペルガー的なのかを知らない。ソーシャル・スキルを身につけようと努力し始めたころ、大半は、私のアスペルガー的な行動と解釈を、周囲に修正してもらうことから始めた。

　私の場合は、担当の精神科医に教わった。しばらくして、私は自分の考え方や感じ方、物事がどのように見えているか、イラスト入りのノートをつけるようになった。文字と絵。視覚情報のほうが理解しやすいと気づいたのも、ノートをつけるようになってからだ。そのノートを精神科医に見せ、私の疑問に彼が答える。そうして得た答えを身につけることこそ、ソーシャル・スキルの取得につながることだった。生活の場の大半を占めるのは家庭だ。私は、自分の『寛子、心と頭構成ノート』を両親・妹にも見せることにした。文を書くことによって、要点をまとめた表現のしかたを覚えたと思う。

　もともと文章を書くことは苦手ではないが、肝心の伝えたいところまでが長すぎる傾向のあった私は、簡潔に表現することを、ノートをつけることによって学んだのだ。同じく、話し方も簡潔ではないらしい私は、新たに簡潔に話すための訓練を始めた。ノートのように記録が残り、何度でも確かめられるもの。それは、携帯テープレコーダーだ。機嫌がいいとき、気分が落ち込んでいるとき、パニックになったとき、私は自分の話し方を録音し、どのようなしゃべり方をしているか、調査し始めた。

　確かに、回りくどい言い回しや、まとまらない要点が存在した。相手の言いたいことよりも、相手が発したことばに興味がわきすぎる傾向もあった。それを聴き、簡単な表現や、これまでよりも要点に近い場所から話し始めるためにどういう方法があるか、ということをノートにつける。そのノートを

〈表1〉頭の中を図式化。これまですべての物事をこの枠のどれかに分類してきて，あいまいな物事を振り分ける枠はなかった

<table>
<tr><td rowspan="2">好き</td><td>理解できる</td><td>したい</td><td rowspan="2">大切</td></tr>
<tr><td colspan="2">しなければならない</td></tr>
<tr><td rowspan="2">大切じゃない</td><td colspan="2">しない</td><td rowspan="2">嫌い</td></tr>
<tr><td>したくない</td><td>理解できない</td></tr>
</table>

〈表4〉歯の「痛み」がどう感じるのか知るために、痛みの定義を分類してみた。

こう感じたら「痛い」と言うこと!

○脈拍のリズムで歯茎がズクンズクンしたとき
○風を当てられたらしみるとき
○歯の中がチクチクするとき
○かんだら，口の中全体に重く響くとき

〈表5〉歯の治療をしたときに，恐怖を感じなかったという事実を，自分なりに分析してみた

<table>
<tr><td>歯医者さん</td><td>今から○○を行いますよと，一つずつ述べてくれる
治療の最中，「大丈夫かな?」と声をかけてくれる
専門的な名称を使用しても，いざ使うときに，私に分かりやすく説明してくれる</td></tr>
</table>

〈表6〉歯科医院で使ったマニュアル。これによって歯科医院を克服できた

1	自分がアスペルガー症候群で，予測不可能なことが生じると混乱することを伝える
2	何を行うか，その都度説明してもらうようにする（例：今から削りますよ。今から吸いますよ）
3	ライトは見ない。目をつぶっておくとよい。アイマスクを持ってきてもよいか，一応尋ねてみる

〈表2〉人の表情が示す感情を分類したもの。人の表情を読むのが苦手であるため，自作のこの表を参考にしている

<table>
<tr><td>喜び
楽しい
好き</td><td>目が大きく開いて，口の両端が上がる。鼻の穴がふだんより広がる
歯を見せて笑う。鼻にクシャクシャの縦じわが寄る
視線が，対象物を追って動く。「喜び」に似た笑顔</td></tr>
<tr><td>怒る
とまどい
緊張</td><td>視線が交わらない。口角が著しく下がる。頬の筋肉が少しも動かない。これ以上ないくらい，低くしゃべる。「声」を発しないようにもなる
眉間にシワが寄る。視線を，下の方にたびたび向ける
まばたきがふだんより多い。目だけでこっちを見る。口が少し開いている</td></tr>
<tr><td>悲しい</td><td>顔の筋肉全体が下がりぎみになる。目を閉じたままのことがある。ふだんよりも，線の細い「声」を出す。口をすぼめているときもある。まぶたが重そうに見える</td></tr>
<tr><td>不機嫌</td><td>顔の筋肉の動き自体は「怒る」に似通っているけど，視線は交わる。ただし，たびたび目をそらせ，どこを見ているか分からない。口は固く結んでいることが多い。ふだんより，やや低めの「声」を発する</td></tr>
</table>

〈表3〉理解できないことを相手に質問する場合，失礼のないように上の順番で行うようにしている

1	質問をして，なぜ怒ったのかを相手に尋ねる
2	私の聞き方が悪かったら，よい聞き方を教えてもらう（例：もう少しゆっくり言う，難しいことばを使わないなど）
3	私がアスペルガー症候群の症状のせいで，相手に質問をしているということを思い出してもらう
4	今尋ねていいのか，後ならいいのか，今後，その話題に関しては質問してはいけないのかを明確にしてもらう

自著『他の誰かになりたかった』花風社刊より

参考に、自分と周囲との意見を交わしながら、ソーシャル・スキルの取得に励む日々が続いている。

得た知識を実社会で活用できてはじめて、「取得」と呼ぶのだと思う。成人になってからもスタートできる方法であるが、より幼いころから始めておけば、私以上に生活しやすい未来が開けると思う。私は自分の意見を簡潔に述べることが、ずいぶん上手になった。ただし、体調が悪いときは、相手の言いたいことを聞き取ることが難しくなるので、筆談をするようにしている。一つの工夫だ。調子が悪いときには、筆談を選択するほうがトラブルを避けることができる。私が注意すべきことは、手帳と筆記用具をいつも持ち歩くということ。困難を避けられる手だてを見つけたとき、その方法を（私の場合は、筆談に必要なノートと鉛筆）常に身近な場所に用意しておくことが、最大限の努力であると思う。

ありのままを受け入れて

アスペルガー症候群の特性は、完治するものではないということだ。気づく前にはことごとく足を引っ張られ、気づいてからは一生付き合っていくものだと受け入れなければならないものだ。その意識の中で、いかに特性を認めてあげられるかが、その後の人生を大きく変えていくのだと思う。

周囲だけではなく、自らも自分の特性と向き合うことで視野は広がっていく。失敗をしたがる人はいないが、失敗は人生を豊かにするスパイスのようなものだ。失敗をすると、心がどんなふうに感じるかということを知り、情緒の成長を促進する。何度も挑戦していいという前提があるだけで、やる気の容量は大きくなるのだ。失敗からしか学べないことも、人生では多い。

私は成人してからアスペルガー症候群だと判明したため、自我が完成した状態にあった。その私が何よりも先に行ったのは、ありのままの自分を受け入れるということだった。そして、たくさんのことを経験しようと思った。もともと探究心旺盛な性質だったのかもしれないが、失敗をすることによって人生は積み重ねられていくものと幼少期に教わっていたことは、重要な知識であったと思う。

たいてい、保育園や幼稚園に上がったときから、人は社会と交わりながら生きていく。小さい間は、失敗を受け止めてあげることが大切である。失敗してもいいと知ると、努力は苦にならない。苦になったときは、みんなで苦を分け合うということを教えてほしい。投げ出したとき、まず考えるべきことはその理由である。投げ出すということ自体が、その子の苦痛の表し方なのかもしれない。そうだった場合、また新たに苦痛の表現のしかたを学ぶことができるのだ。困難に出会ったとき、一つずつ乗り越えていくことが、ありのままを受け入れるということなのかもしれない。

失敗が挫折につながるかどうかは、周囲の人々だけでなく、当人の障害に対する姿勢も重要な要素である。支え合うことは、心の栄養になる。いっしょに頑張っているのだと知ることが次の頑張りにつながるので、協力は欠かせないものだ。しかし、頼りすぎや頼りきりは支え合うことではない。協力の中で自主性を培うことが、成人してからの生活を、よりよいものにするのである。

成長段階に合ったソーシャル・スキル、コミュニケーション能力の学習が必要となるが、学習は成人してからも続くということを踏まえてほしい。協調性は、体験することがスキルの取得により近づけると思う。出会う場面によって、どれが最善の協調性になるか分からない。なぜ協調することが必要なのか、その都度、理由を教えてあげることも大切である。

私は今、これまでより広い社会に一歩踏み出した。バッグの中には、騒音をさえぎるためのポータブルMDプレーヤー。バッテリーが必要なものは、必ず完全に充電しておく。そして、分からないことを書き留めておくためのメモと、筆談用ノート。筆記用具。それをきちんと準備しておくことが私の努力であり、私がありのままを受け入れ、アスペルガー症候群として生きていくことの証明である。

第3章　最新医学からの話題

広汎性発達障害の神経学的基盤

トピックス 1

扁桃体―辺縁系仮説を中心に

十《と》一《いち》元《もと》三《み》（京都大学医学部保健学科教授／ケース・ウェスタン・リザーブ大学医学部精神神経科客員講師）

自閉症が、脳のどのような部分の問題によって起きるのかについて、この四〇年間にさまざまな推測や研究が現れた。ここでは、近年有力視されている仮説を紹介することがテーマであるが、高機能自閉症とアスペルガー症候群の理解を深めるうえで、最近の学説に至るまでの考え方の変遷についても振り返ることにする。それに先立ち、**仮説**の名の下に、性質の異なる論説が混在しているという問題に触れておく。

「仮説」について

最初に注意すべき点は、「神経学的」仮説と「心理学的」仮説の区別である。神経学的仮説とは、脳の特定の部分（例えば小脳など）の障害を仮定し、そこから発生する症状（協調運動の乱れなど）によって、自閉症という状態の説明を試みるものである。一方、心理学的仮説とは、心理検査や行動観察を基に、ある能力の低下を自閉症の（症状の最も根底にある）**基本障害**と仮定し、他の症状もそこから出発すると考える論説をさす。

主な心理学的仮説

心理学的仮説の中には、神経学的基盤をある程度念頭に置いたものもある。例えば**言語認知障害説**では生得的な言語理解能力の低下を仮定しており、大脳のうち、側頭葉にある言語野の機能不全を暗に想定している。また、**感情障害説**は大脳辺縁系と呼ばれる部分の発達不全を示唆するものであり、**共同注意障害説**では、視線の動きや会話の焦点を含め、自己の注意・注目対象が、他者からの影響により変化を生じる脳内メカニズムに問題があると想像している。

擬似的な仮説

前述の仮説と比べ、例えば近年我が国で流布した**心の理論障害説**は、理論的枠組み、神経学的基盤共にあいまいと言える。この説では、他者の思惟内容（感情や欲求を除く）を推論する能力が**心の理論**であり、それを**メタ表象**の一種であるとしたうえで、この表象能力の欠陥が自閉症という状態をもたらすと考える。この種の心理検査は、確かに一部の自閉症者にとって苦手ではあるが、自閉症やアスペルガー症候群がもつハンディキャップの根底をこのように位置づけることの困難さは、実際の臨床像を知る者にとっては明らかであろう。

厳密な認知心理学的研究によれば、この能力の発達は文化の影響を受けており、思弁的に**メタ表象**として一括されてきた諸能力には、相互関係が乏しいことも明らかとなっている。すなわち、子どもの発達を評価する一指標として、心の理論は有用な概念である一方、自閉症の基本障害を説明するうえでは有効な鍵《かぎ》概念とは言い難い。

同様に、ゲシュタルト心理学とはやや異なる意味で、**部分の集まりを全体として統合把握する能力**をcentral coherence（中枢性統合などと訳される）と呼んだうえで、自閉症とは、この**統合能力**が障害された状態であると唱えるような場合にも問題が生じる。

このような定式化は、自閉症者が示す特徴に対して、私たち自身の抱く主観的印象の叙述にすぎず、臨床的イメージを伝えるには便利な表現であるとしても、「仮説」の域に及ぶものではないことを心得ておく必要がある。

神経学的仮説の変遷

これから紹介するのは、前述のような思弁的理論によるところの大きい論説とは異なり、過去の医学的あるいは臨床神経学的知見を基に登場した仮説である。

脳幹障害説

定型的な感覚発達の場合、子どもは成長につれ、近位覚（味・臭・触覚）から遠位覚（視・聴覚）による外界探索に移行すると考えられているが、自閉症の子どもでは、近位覚が優位のままであることが多い。

このことを成長の遅れとみなし、また、遠位覚について高音量やコントラストの強い色彩刺激を好む傾向があることなどにより、ショプラーは、自閉症者が**低覚醒状態**にあると考えた。

それに対しハットは、哺乳類における研究結果とのアナロジーを基に、自閉症者の示す脳波・常同行動・外界からの刺激への低反応などが過緊張状態を示唆すると考え、**過覚醒説**を唱えた。

当時、覚醒状態に決定的役割を担うのは、脳幹部にある網様体に起源をもつ上行性網様体賦活《ふかつ》系（ARAS）という神経システムであることが明らかにされて間もないこともあり、ARASの機能亢進《こうしん》を疑う**過覚醒説**は注目を受けた。

一方、カナー（自閉症を最初に報告したアメリカの児童精神科医）の神経生理学における後継者にあたるリムランドは、自閉症者の行動には過覚醒・低覚醒の両方が混在していると考え、**脳幹障害説**を提唱した。

海馬障害説

自閉症の人が優れた記憶力をもつことは、カナー以来、繰り返し報告されてきた。ところが、記憶を調べる詳細な神経心理検査を行うと、むしろ暗記能力は低下しているという結果が報告された。

そして記憶低下のパターンは、健忘症候群と呼ばれる患者が示すものと類似していた。健忘症候群では、側頭葉の内側にある海馬という記憶に関係する組織に損傷があることが分かっており、自閉症も、同じ部分の障害によるのではないかと推測された。

小脳障害説

死亡した人の脳を調べた剖検研究では、小脳の部分的萎縮や細胞数減少が繰り返し発見された。この小脳の働きの一つに身体運動の協調と呼ばれる機能があるが、自閉症者では、歩くときの手足の連動がスムーズでないなど、協調運動の障害を示唆する所見が見られることが多い。

また、情動の問題は自閉症と密接に関係するが、近年、小脳の損傷が情動にも影響を及ぼすことが報告されるようになった。このような所見を背景に、小脳障害説は提唱された。

前頭葉障害説

前頭葉の前方にあたる前頭前野と呼ばれる広い領域の働きは、長い間、謎とされてきたが、二〇世紀後半から現在にかけ、その働きが急速に解明されつつある。

前頭前野はさらにいくつかの部分に分けられるが、将来の目標設定に合致するよう、現在の行動を組織化する能力、記憶を含めた複数の処理を同時に行う能力、衝動の抑制、社会的賞罰による行動修正など、円滑な社会生活にとって欠かせない機能を担っている。

自閉症で見られる対人的に不適切な行動の多くは、これらの機能の低下によると考えて提唱されたのが、近年の**前頭前野障害説**である。

扁桃体―辺縁系障害説

これまで四つの神経学的仮説を紹介したが、自閉症やアスペルガー症候群を含む広汎性発達障害を、どれか一つの仮説で説明することは困難と考えられている。その一方、いずれの仮説もそれなりの説得力をもっており、広汎性発達障害のもつ一側面をうまくとらえているように思われる。

そこで問題となるのが、広汎性発達障害のかなめとなるのは、どのような特徴であるかという点である。それは、何よりもまず「対人相互性の障害」であるが、**対人相互性**の意味するところが専門家以外には誤解されやすいため、注意が必要である。次いで重要となるのは「強迫的で限局化された精神活動や行動の様式」であり、この二つの特徴は、国際的診断基準で必須項目として明記されている。

興味深いことに、従来の四つの仮説のうち、「対人相互性」に焦点を当てて説明を試みたものはない。このことは、「**対人相互性**という、ヒトの能力は極めて複雑な機能から構成されており、局所的な脳組織の問題とは考え難い」という暗黙の前提が、先入観として存在した可能性がある。

また、自閉症の根本的ハンディキャップが何かという点が活発に議論され始めたのは、高機能自閉症やアスペルガー症候群が注目されだした一九八〇年代以降であるという事情も関係していたかもしれない。これらの段階を経て扁桃体―辺縁系障害説が登場したのは、一九九〇年代に入ってからであった。

扁桃体とは

脳（中枢神経）とは神経細胞の巨大な集合体であり、左右の大脳半球が下方で合流して脳幹部となり、そこから脊柱《せきちゅう》の中を通って身体へと通じる脊髄神経が出発している。そして脳幹部の後ろ、つまり大脳後方の底面に近い部分に小脳が位置している。神経細胞は、本体にあたる細胞体と、そこから長く伸びた軸索からなり、電気伝達路である軸索によって他の神経細胞へと連絡している。

大脳の表面には多数のしわ（脳回）が観察されるが、この表面の部分（大脳皮質）は細胞体が密集している部分である。

次に脳の断面を観察すると、大脳皮質の薄い層の下には軸索ばかりから成る皮質下（または白質）と呼ばれる領域が広がっているのが分かる。その白質に埋もれる形で、所々に細胞体の集落が存在している。それらは神経核と総称されるが、扁桃体もその一つである（図）。

ヒトのもつ能力のうち、記憶・計算・ことばの理解などの知的能力（高次認知機能）にとっての最重要部（**中枢**と呼ぶ）はすべて、脳の表面すなわち大脳皮質のどこかが担っているが、それに対し、大脳の奥に埋もれた神経核の働きは、大脳皮質とずいぶん異なっている。自律神経活動やホルモン分泌の調整、身体の動きの自動的な円滑化、刺激に対する無意識的処理や情動反応などのように、自分の意志で

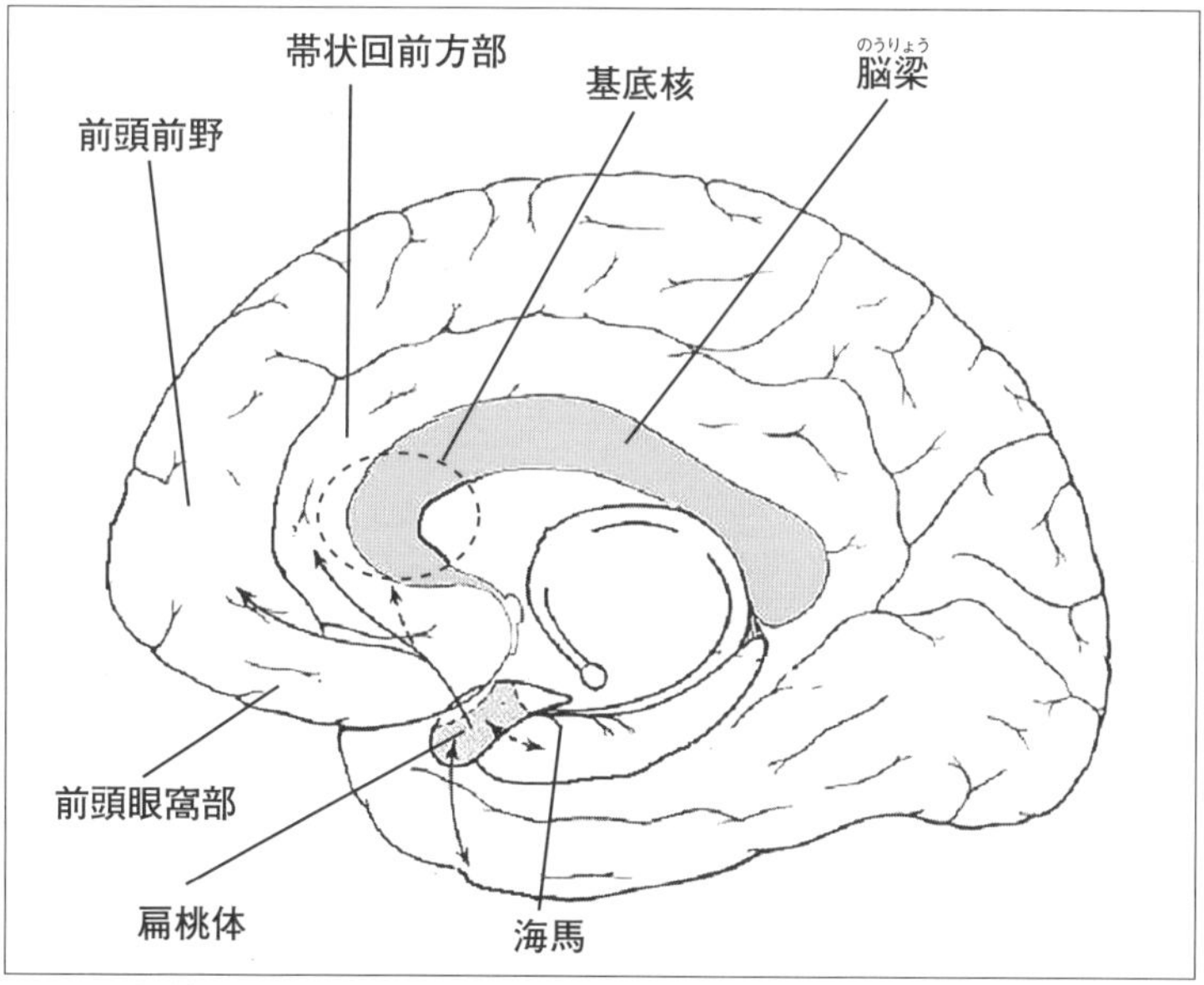

〈図〉扁桃体とその関連部位

コントロールできない事柄や、本能的な活動などをつかさどっている。左右の大脳半球に一対存在する扁桃体は、実はさらに小さな神経核の多数の集合体であるが、他の神経核同様、高次認知機能とは性質の異なる機能を担っている。

扁桃体の働き

ヒト以外の霊長類や哺乳類の研究から、個体同士の相互反応や社会的関係形成に関与しており、扁桃体が損傷を受けた場合、群れから孤立することが報告されている。また、恐怖などの情動、喜怒哀楽の感情の発現や理解において大きな役割を果たしている。実際、扁桃体に損傷がある患者では、恐怖刺激を目にしてもなんらの情動も惹起《じゃっき》されないこと、そして表情の記憶が低下することが報告されている。さらに最近の研究では、他者の視線に対する反応にも扁桃体が関与することが分かった。ちなみに側頭葉てんかん患者の研究では、扁桃体の障害が攻撃性と関係することが示唆されている。

一方、扁桃体は新奇刺激への反応（**定位反応**と呼ばれ、自律神経が関与する）、刺激反復に対する馴化《じゅんか》（慣れ）の形成、学習と脱学習においても主要な働きを担っている。動物実験では、扁桃体が損傷されると、一度学習した反応パターンが容易に消失せず、固定する傾向があることが分かっている。

仮説の根拠

前項の説明より、広汎性発達障害の中核的特徴である対人的・社会的・情緒的な相互性の問題に、扁桃体が直接的に関与していることが想像できる。

実際、現在唯一の自閉症の動物モデルと言われるバチェバリアらによる両側扁桃体切除の霊長類の研究は、このことを裏づけている。また、自閉症者は表情の記憶が苦手であるが、この点も扁桃体損傷者と共通している。さらに、ある体験を基に一度身につけた反応（同年代の子どもを見ると恐れる）がいつまでも持続し、修正困難であったり、新たな環境にまったく好奇の念を抱かないか、反対に、過緊張となる傾向も扁桃体との関係が疑われる。

特に有力な証拠は、剖検所見である。顕微鏡による脳組織の丹念な観察は、高性能のMRIなど、進化した脳画像技術でも及ばない異変の検出が可能であり、現在なお、最も堅実な方法と言える。その剖検研究では、自閉症者の脳のいくつかの部位に病理変化が見いだされているが、ボストンのボーマンとケンパーによる最多数例の研究では、例外なく異変があったのは扁桃体であり、細胞のサイズや密度（細胞の小型化と密度の増大がある）、あるいは組織の発達段階や構造に異常が見られた。

間接的根拠としては、扁桃体に受容体をもつ神経伝達物質であるオキシトシンというホルモンの研究がある。オキシトシン濃度は、個体の対人指向性行動の発達と関係することが報告されているが、その血中濃度の低下が自閉症者で見いだされた。以上挙げた以外にも、扁桃体―辺縁系障害説を支持する所見が存在するが、この学説で重要なのは、従来の仮説とは異なり、広汎性発達障害の核心部について説明を試みようとしている点である。

仮説の有効性

○広汎性発達障害の多彩な症状

いずれの仮説でもそうであるが、広汎性発達障害の中に含まれる多種多彩な状態を、一つの説明原理から解き明かすのは困難である。例えば自閉症の場合、年齢や知能発達の様子に応じて、日常生活上の問題はまったく異なってくる。さらに、アスペルガー症候群の成人で特に知的発達に優れたケースでは、なかなかハンディキャップが分かりづらいほどである。

もう一つの問題は、広汎性発達障害には主要症状以外にも、多くの付随的特徴がある点である。例えば、診断基準の一つでもある「強迫的傾向（同一事物へのこだわり）」を筆頭に、注意の問題（過剰選択性など）、対象により大きく変化する記憶、数字・規則・辞書的知識への独自の関心、時に見られる知覚過敏や不器用さなど、多岐にわたる。

○どこまで説明できるか

このいくつかに関して、仮説から予想される説明を述べると以下のようになる。扁桃体は〈図〉に示すように、系統発生的、あるいは機能的に関係の深い部位との間に密接な線維連絡をもち、その部位の働き方を強く左右する。さらに機能上の影響にとどまらず、それらの部位自体が扁桃体と共に組織の構造や発達に変化を生じていることもある。機能連関を考慮した場合、連関先の脳部位の働きを通じた影響が現れることが推測できる。

例えば、前方部で扁桃体と接し、機能的にも強固に関連している海馬は、先に述べたように新たなことの記憶(エピソード記憶)を担っている。この海馬は、新たに見聞きした出来事を長期的に記憶にとどめる際に活発に活動するが、その活動のしかたが扁桃体から強く影響を受けることが、容易に想像できる。その結果、地名や電話番号などはよく覚えるが、感情表出した人の顔や社会的関心事などは、極めて記憶にとどまり難いといった状態が出現する可能性がある。

同じように扁桃体と密接に関連している大脳基底核の一つは、強迫症状と関係する部位であることが分かってきた。また、扁桃体から強い指令を受ける帯状回前方部と呼ばれる部分は、ヒトにおいて注意を制御している。次に、前頭前野の底面に近い前頭眼窩部も扁桃体からの神経伝達が豊富であるが、この部分は、正負の(賞罰的な)対人的刺激による行動修正に役割を果たすと考えられている。さらに、ARASの出発点である脳幹部とも連絡しているため、覚醒状態に影響を及ぼすことも考えられる。このように、広汎性発達障害のもつ特徴のうち、かなりの部分が扁桃体—辺縁系障害説から説明できる可能性がある。しかし、知覚や感覚の問題をはじめとして、いくつかの事柄については、現在のところ十分な説明には至っていない。

○見逃せないポイント

扁桃体とそれに関連した脳部位で見出された異変は、脳損傷やウィルス感染後遺症にみられる神経細胞の死滅や、非神経細胞への置き換わりとは違うという点は重要である。それは、神経組織が充分な機能を発揮するために必要な細胞の成熟が停滞していることを示す所見であった。つまり、これら組織の機能が失われているのではなく、恐らく未分化なかたちで機能していることが、広汎性発達障害の主要特性と関連していると考えられる。この点が、従来から知られるタイプの扁桃体損傷患者と単純には比較し難い理由の一つであろう。

最後に、運動系に限らず大脳の多くの機能を修飾していることが明らかとなった小脳の関与も大きいことが予想される。近年の研究により、小脳が前頭前野の働き（実行機能）や言語機能などの認知機能、さらに情動の制御にも明らかな影響を及ぼすことがほぼ確実となった。自閉症では非常に高い割合で、小脳に明瞭な異変が検出されているが、広汎性発達障害に多くみられる特徴と関連している可能性が十分考えられる。

○カナー型自閉症、高機能自閉症、アスペルガー症候群の違いは？

従来の仮説で、この難問を扱ったものはない。このことは、高機能自閉症とアスペルガー症候群の診断上の区別でさえ、専門家の間で意見の一致をみない状況であることを考えると、当然とも言える。そのため、扁桃体・辺縁系障害説による説明についてもまったくの推論の域を出ないものであるが、現時点で想像しうる可能性について考えてみる。

それにあたり有力なヒントとなるのは、ボウマンとケンパーによる非公式の知見である。彼女らによると、高機能自閉症者では扁桃体に比較的限局した異変が見られるのに対して、精神遅滞を伴う自閉症者では、扁桃体と共に、周辺の海馬を含む諸組織にも萎縮《いしゅく》や変性が見られるという。すなわち、病変部の広がりの程度が、カナー型と高機能の自閉症を分ける一つの要因である可能性がある。アスペルガー症候群についてはボウマンらの見解は得られていないが、扁桃体は役割の異なる多数の小さな神経核の集合体であるため、扁桃体内でも、病変の程度や広がりに相異があっても不思議ではない。

また、扁桃体から辺縁系や基底核といった関連組織への神経伝達路の障害についても、その部位や程度に応じて臨床像も大きく変化するように思われる。そうすると、人に対する基本的注意（共同注意など）や感情発現などの神経基盤が、自閉症と比べ、相対的に保たれているのがアスペルガー症候群であるということが可能性の一つとして考えられる。しかし、これらが明らかになるには、定型発達者（いわゆる健常者）の脳機能の解明がさらに進む必要がある。

教育現場の現状と今後の展望

教育行政用語による弊害

ここでは、広汎性発達障害について、神経科学あるいは児童精神医学の視点から、そのハンディキャップの理解を試みた。この領域もさまざまな紆余《うよ》曲折を経つつ、徐々にではあるが、臨床的、そして学問的に真相に迫りつつあるように思われる。

一方、教育行政の分野では、特別支援教育の枠組みの中で、まったく性質の異なるハンディキャップを「（軽度）発達障害」の名の下にまとめてしまった結果、（実際に取り組んでいる）教育現場では誤解と混乱が生じやすくなっている。

「発達障害」を巡る混乱

ここで述べたように、高機能自閉症やアスペルガー症候群の根本的問題とは、「対人」にまつわる本能的な認知・行動様式の偏倚であり、大脳の機能で言うなら、少なくとも脳表（大脳皮質）とは異なる部位の問題である。一方、学習障害（ＬＤ）とは、基本的には読み・書きなどの高次認知処理、すなわち大脳皮質（特に高次連合野と呼ばれる部分）の機能と関連する問題である。さらに注意欠陥多動性障害（ＡＤＨＤ）は、前二者のいずれとも異なる性質の問題であると考えられる。

従来、日米両国において、教育関係者が中心となってLDの子どもたちに取り組んできた。その中には、広汎性発達障害にLDが合併したケースも数多く含まれていたのが実情であったと考えられる。

事実、**対人的問題を呈するLD児童**として報告されるようなケースは、児童精神医学的に診断すると、広汎性発達障害に該当することが多い。

さらに、両者を合併したケースを基に、LDの背後にある対人的問題（実は広汎性発達障害の特徴）を**非言語性LD**と呼んだり、広汎性発達障害をLDの概念の延長上に位置づけようとするのは、広汎性発達障害の本質の誤解に基づいており、臨床診断と神経生理学との整合性を促進するうえでも好ましくない。

このような事態の背景には、元来、教育・心理関係者にとって不可欠なはずの児童精神医学、あるいは脳生理学の基礎知識が、一般にはほとんど普及していないという我が国の現状がある。

これからの障害児教育に求められる視点

教育行政で「発達障害」としてくくられるこの三者のうち、専門的教育支援の枠内で十分対応しうるのは、おそらくLDのみである。ADHDについては、（その診断が正しい場合）薬物療法と適切な教室内対応により、かなりの成果が期待できる（その際も、児童精神科医との連携が望ましい）。

しかし広汎性発達障害については、そのハンディキャップが他に類を見ない独自のものであり、一般書やマスコミを通じた理解は誤解を増大させる場合も少なくないため、専門家へのコンサルトが不可欠である。

今後、子どものハンディキャップに適切に取り組むためには、**学習に困難のある子ども**のもつ「困難さ」の性質を見分けるという児童精神医学的な視点が欠かせないことを、教育関係者は銘記する必要があるように思われる。

トピックス 2
水銀問題を考える

自閉症水銀説とキレート療法について

浅井朋子（前出）

よって既に自閉症と水銀の因果関係が明らかになっていて、キレート療法が有効な治療として認められているという誤解があることがうかがわれた。

そこで、「自閉症水銀説とキレート療法」について、現時点での議論と動向についてまとめてみた。

自閉症の原因は水銀か？

水銀原因説の背景

日本では、今回のテレビ報道をきっかけに水銀問題が一般的に知られるようになったが、

テレビ報道の波紋

あるテレビ番組で、「自閉症の原因は水銀で、キレート剤が有効である」という趣旨の内容が放送されたことは、自閉症児の家族に大きな波紋と混乱をもたらした。日本自閉症協会をはじめとして多くの関係団体に、問い合わせが殺到したと聞く。

また筆者らも、診療の場で放送内容についての多数の質問を受けた。質問の内容から、テレビ報道に

題が脚光を浴びたが、もともと自閉症水銀説の発端となったのは、二〇〇一年にバーナード[1](Bernard)らが発表した論文で、ワクチンの防腐剤として使用されているチメロサール（エチル水銀）と、自閉症の因果関係を主張したものだった。

チメロサールは、その成分の半分がエチル水銀から成る物質で、ワクチンに混入した細菌によって死亡例が出たことから、一九三〇年代から、防腐剤としてワクチンに添加されるようになった。

バーナードらは、自閉症原因説の根拠として、

○近年、世界的に自閉症の増加が認められるが、この増加の時期が乳児が受ける予防接種の種類と回数の増加によって、チメロサールの曝露《ばくろ》量が増えた時期に並行していること

○ワクチン接種後に、自閉症の発症が見られる症例があること

○有機水銀中毒と自閉症の症状が似ていること

などを挙げている。

これをきっかけに、自閉症と水銀の関係についてさまざまな研究結果が発表されるようになった。さらに、自閉症水銀説が出てきた背景には、「自閉症の増加」という問題がある。欧米や日本をはじめとして世界的に自閉症の増加の報告があり、その原因について多くの仮説が出された。水銀説も、その中の一つである。

自閉症は本当に増加しているか？

自閉症は本当に増えているのだろうか？　実際の有病率の変遷を見てみよう。

一九七〇年代の自閉症の有病率は一万人に二〜四人程度、二〇〇〇年以降では、一万人に一〇人という数字が報告されている。

さらに、アスペルガー症候群や非定型自閉症といった自閉症関連障害を含めた自閉症スペクトラムという概念が導入され、診断基準にもそれが反映された一九九〇年代以降、自閉症スペクトラム全体としての有病率は飛躍的に増加した。

一九九〇年以降では、一万人に約六〇人というイ

ギリスの報告、スウェーデンでの一万人当たり約一二〇人、日本での一万人当たり約一七〇人という報告がある。

自閉症と自閉症スペクトラムでは、概念の拡大があるために有病率が増加するのは当然としても、自閉症だけに限定しても三〜四倍程度の増加が見られることになる。この「増加」には、診断基準の変遷などによる見かけ上の増加と、新たに付加されたなんらかの環境要因による真の増加の二つが考えられる。

後者の一つとして出てきたのが水銀説であることは既に述べたが、イギリスでは逆に、チメロサールを含まないMMRワクチンを自閉症の原因とする議論が注目を浴び、訴訟にまで発展している。

しかし、MMRワクチンをはじめとして、自閉症の真の増加を科学的に裏づけるような研究結果は出ておらず、現時点では、見かけ上の増加とする説が有力である。

ウィング（Wing）[2]らは、これらの見かけ上の増加の原因を説明するものとして、

○診断基準の変化

○研究方法の差

○自閉症概念が、保護者や専門家や一般人にも広く知られるようになったこと

○自閉症が、重度の精神遅滞から、正常または高い知能まで幅広い知的能力をもちうること、てんかんやダウン症などの身体疾患や染色体異常を合併しうること、また、あらゆるタイプの精神疾患を合併しうることの三点が専門家に認知されるようになって、診断の精度が向上したこと

などを挙げている。

「水銀説」に肯定的な研究

水銀説を支持する研究として、次の二つが挙げられる。

一つは、二〇〇三年に発表されたガイアー（Gaier）[3]らのアメリカでのデータに基づく報告である。アメリカのワクチン副反応報告システムのデータを解析

して、チメロサールを含む三種混合ワクチンを接種した群と、チメロサールを含まない三種混合ワクチンを接種した群の比較を行っている。その結果、チメロサール含有ワクチンを接種した群のほうが、自閉症・精神遅滞の発生率が高いという結果を得たことを報告している。

二つ目は二〇〇三年に発表されたホームズ(Holmes)[4]らの報告で、自閉症児では、水銀排泄機能が健常児に比べて低いことを示唆するものである。

「水銀説」に否定的な研究

水銀説に否定的な研究は、大きく分けて、有機水銀の神経毒性に関するものと、疫学的データに関するものの二つに分けることができる。

水銀の神経毒性については、水俣病の原因となったメチル水銀については多くの報告があるが、チメロサール(エチル水銀)については、一部の動物実験でのデータを除いて、人体への影響はよく分かっておらず、そのため許容摂取量についても、メチル水銀の基準を参考にして決められている。

メチル水銀については、低濃度でも注意力・記憶力などの認知能力に影響を与えるという報告もあり、これらが、エチル水銀にも同様の毒性があるという認識につながったと考えられる。

しかし、エチル水銀はメチル水銀に比べて、血液脳関門(血液中の物質が脳へすべて移行しないように、フィルターの役目をする所)を通過しにくいという報告[5]や、血液中から体外へ排出される速度がメチル水銀の七~八倍[6]で、体内蓄積効果は少ないという報告もあり、メチル水銀と同様の神経毒性をもつという根拠はない。

また、水銀中毒と自閉症の症状を比較してみると、両者は大きく異なる。水銀中毒では中枢神経系のみではなく、末梢神経系にも障害があり、また特徴的な視野狭窄《きょうさく》が見られるが、自閉症ではそのような障害は認められない[7]。

二〇〇一年にアメリカ予防接種安全総括委員会が、「チメロサールと神経発達障害の因果関係は、科学的根拠に基づくものではない」という見解を出している。また二〇〇二年六月には、WHOの「ワクチンの安全性に関する国際諮問委員会」が同様の見解を出し、現時点で、これを覆すような新たな知見を含む報告はなされていない。

疫学的な研究では、主なものが三つある。一つは二〇〇三年に発表されたステア-グリーン（Stehr-Green）[8]らの、カリフォルニア、スウェーデン、デンマークにおける自閉症の有病率・発生率と、チメロサール曝露量との相関を検討したものである。

一九八五年から一九八九年にかけて、これら三つの地域すべてで自閉症の発生率・有病率共に上昇し始め、一九九〇年代前半には、増加率はさらに大きくなった。これに対してチメロサール曝露量に関しては、カリフォルニアでは一九九〇年代を通して増加し続けたのに対し、スウェーデン、デンマークでは一九八〇年代後半には減少し始め、一九九〇年代早期にはゼロになった。これらのことから、自閉症の発症とチメロサールには因果関係はないとしている。

二つ目は、二〇〇三年に発表されたマドセン（Madsen）[9]のデンマークについての報告である。デンマークでは、一九九〇年までワクチンにチメロサールが使用されていたが、その間は、自閉症の発生率に増加傾向はなかった。

一九九一年以降、デンマークではチメロサールを使用しなくなったが、逆に自閉症発生率は一九九一年から大幅に増加しており、自閉症とチメロサールの因果関係を否定する結果になっている。

三つ目は、二〇〇三年に発表されたフェアストラーテン（Verstraeten）[10]らの、CDC（米国疾病予防管理センター）のデータベースを用いた、アメリカの一四万人以上の子どもたちを対象に行った研究でも、自閉症とチメロサール摂取量の間に相関関係は認められないという結果が報告されている。

キレート療法について

現時点で、公表されている文献の中に、キレート療法について信頼できる比較対照試験を行った研究報告はない。科学的に根拠のある治療法として認められるには、その治療を行った群と行わなかった群での症状改善について、客観的な効果判定基準を用いた比較検討が不可欠である。個々のエピソード的な症状の改善例をいくら集めても、その治療法の有効性についての科学的根拠にはならない。

また自閉症については、この治療評価について特に留意する点がある。それは、子どもの自然な発達による行動の変化、症状の改善があることを忘れてはならないことである。発達障害の有無にかかわらず、子どもというのは成長し、発達する存在である。自閉症児の、幼児期から就学前後にかけてのことばや知的能力の急速な伸びは、自然経過の中でよく見られる現象である。

さらに、適切な環境と療育的なアプローチによって適応的な行動が増え、着実な成長を遂げていく例を、専門家は臨床の場で多数経験している。この点を無視した効果判定を根拠にして、副作用の大きい治療法を選択することに同意するわけにはいかない。

キレート剤は水銀だけを選択的に除去するのではなく、人体に必要な微量元素も除去してしまうため、補充療法などが適切に行われなければ、重大な副作用が生じうる。さらに、日本ではキレート剤は自閉症の治療薬として承認されておらず、重大な副作用が生じた際のリスクはすべて当事者が負うことになる。

どのような薬剤にも副作用はつきものだが、それを上回るような治療効果の科学的根拠が示されないものを使用すべきではないと考える。

これまでも、妊娠中の母体感染、薬物、MMRワクチンや、今回のチメロサールの予防接種に関するものなど、さまざまな因子が自閉症の原因として議論されてきた。しかし、決定的な原因として認められたものはまだなく、今回のチメロサールも最近の疫学的データから、因果関係については否定的な意見が主流になっている。一方で、自閉症の原因に複雑な遺伝素因が関連しているという研究が多数あり、遺伝子レベルでの議論もなされてきている。

現時点では、自閉症の原因を単一の因子に求めるというより、こうした遺伝子レベルの要因を含めた複合的なリスクファクターが関与するものと考えるのが妥当であろう。

最後にチメロサールについて、自閉症との因果関係には否定的であるが、高濃度では中枢神経系や腎臓への障害もあることから、潜在的なリスクを回避するためにも、チメロサールを含まないワクチンの開発が望ましいと考える。

欧米諸国では、既にチメロサールを含まないワクチンに替わっている。ワクチンの安全性に関する信頼を高めることが接種率を高め、子どもたちを感染症から守るために必要であろう。日本でも、日本脳炎、三種混合ワクチン、インフルエンザワクチンについてはチメロサールを含まないワクチンが出てきており、今後、さらにその拡大が望まれる。


〈参考文献〉

(1) Bernard S, Enayati A, et al. *Autism: a novel form of mercury poisoning.* Med Hypotheses.2001;56:462-471

(2) Wing L, Potter D. *The epidemiology of autistic spectrum disorders: Is the prevalence rising?* Ment Retard Dev Disabil Res Rev.2002; 8:151-161

(3) Geier MR, Geier DA. *Neurodevelopmental disorders after thimerosal-containing vaccines: a brief communication.* Exp Biol Med.2003; 228:660-664

(4) Holmes AS, Blaxill MF, et al. *Reduced levels of mercury in first baby haircuts of autistic children.* Int J Toxicol. 2003; 22:277-285

(5) Fitzpatrick M. *Heavy metal.* Lancet.2003; 361:1664

(6) Pichichero ME, Cernichiari E, et al. *Mercury concentrations and metabolism in infants receiving vaccines containing thiomersal: a descriptive study.* Lancet.2002; 360:1737-1741

(7) Nelson KB, Bauman ML. *Thimerosal and autism?* Pediatrics. 2003;111:674-679

(8) Stehr-Green P, Tull P,et al. *Autism and thimerosal-containing vaccines: lack of consistent evidence for an association.* Am J Prev Med. 2003; 25:101-106

(9) Madsen KM, Lauritsen MB, et al. *Thimerosal and the occurrence of autism: negative ecological evidence from Danish population-based data.* Pediatrics. 2003; 112:604-606

(10) Verstraeten T, Davis RL, et al. *Safety of thimerosal-containing vaccines: a two-phased study of computerized health maintenance organization databases.*Pediatrics.2003; 112:1039-1048

第4章

社会性獲得のための学校教育とは

実践 1

彼らに取り組む教師たちの工夫

通常学級で高機能児に対応するコツ

水野 浩（愛知県愛知郡長久手町立南小学校教諭）

常識的なことでも知らないことがある

中学校に通う女子生徒が、親しくなった担任教師に対して、「提出するってどういう意味なの？」と尋ねた。

この女子生徒は、教師から宿題を提出するようにと度々言われていたが、意味が分からないままに過ごしてきたらしい。

打ち解けて話のできる教師に初めて出会い、学校生活で気になっていたことばの意味を質問することができたらしい。

高機能自閉症やアスペルガー症候群の子どもたちは、ことばによるコミュニケーションは確かにできるのだが、難しいことばを使うわりには、意味を理解していないまま使っていることが多い。

また、社会における暗黙のルールや、人間関係の常識と呼ばれる領域においても、こんなことを知らないままだったのかと驚かされることが多い。

これらの子どもたちへの指導は、社会生活のルールや常識と呼ばれる事柄を、一つひとつ理由を解説しながら、根気強く教えていくことである。

対人関係に見る自閉症の分類

これらの子どもたちは、一人ひとりの個性や能力に大きな違いがある。ローナ・ウィングは自閉症を、対人関係のもち方から、「孤立型」「受動型」「積極奇異型」の三つのタイプに分類している。

「孤立型」は、通常学級ではあまり見かけない、他者との接触を避けるようなタイプ。

「受動型」は、おとなしく、他者から働きかけがあればそれなりに関係がもてるタイプ。

「積極奇異型」は、他者に積極的に話しかけていくが、その仕方が一方的な話題であったりする、極めて奇異なタイプである。

前述の女子生徒はおそらく、学校生活に適応しようとよく努力してきた「受動型」で、問題行動を起こすわけでもない、目だたないタイプの子であると考えられる。保護者にも教師にも、自閉症とは思われにくいタイプである。

具体的な事例に見る教師の対応

そこで次では、これらのタイプごとに言語能力も加えた事例を挙げ、教師の行った具体的な対応を述べる。

【事例1】A君
(言語能力が低い、受動型)

A君は教師の指示が理解できず、友だちの動きをまねて同じように行動することを、小学校生活の中で身につけていた。診断が五年生の三学期と遅かったため、これまでの学校教育が身についていない。現在は、発達障害児を個別指導する塾に通っている。

国語の学習で、デジタルカメラを持ち、学校内でニュースを取材する課題があった。担任はデジタルカメラの基本操作をしっかりと練習させたが、校内を歩き、「何を写真に撮影してくるか」を具体的に指示しなかったために、A君は何も撮影せずに教室へ戻ってきてしまった。

担任教師は、以下のような指導をした。

①教室の最前列中央にA君の座席を決め、A君が指示を理解できたかどうかを確かめやすくした。課題を短時間で説明できないときは、黒板の文字をノートに書き写すことをさせた

②短めの指示言語を使い、励ましのことばかけをした。理解できなかった課題は図説したりするが、難しい問題は省くこともあった。できた問題には大きな○を描き、しっかりほめた

③指示は、具体的に時間や場所や数量を示して、場合によっては、指示書に書いたり図示したり、実際にその場所に行き、支援するようにした

【事例2】B君

（言語能力は普通、受動型）

算数の計算問題には自信があり、漢字の読み書きも得意である。音読練習の宿題も毎日忘れずにできた。作文は苦手で、一行も書けない。図工の時間には絵が描けずに、画用紙が白紙のまま時間を過ごすことがあった。また、授業中に指示内容が理解できないと、筆箱から鉛筆を取り出して、机の上に何本も並べたり立てたりして過ごすことがあった。

担任教師は、以下のような指導をした。

①一行日記を、毎日の宿題とした。日記の内容は、「宿題して風呂に入って寝た」という記述の繰り返しだったが、赤字で書かれた教師の感想や質問には、単語で答えられようになった。時々は、楽しかった自分の思いを文にすることもあった。日記帳の表紙に、一日分の日記に対し、シールを一枚ずつはって評価した。シールの数が増えてくると、本人の励みになっていった

②絵を描くことに苦手意識が強く、何をどう描くのかも分からない状態だったので、教科書の絵を模写することから始めた。人物の着色は、教室内の友だちをモデルにして、同じ色や柄を着色させた。人物の服装を着色することには自信がもてた。また、漫画のキャラクターを薄紙で写させ、学級の

子どもたちにほめさせたりした

③ぼうっとして過ごす時間がないように、座席は教室の前列とし、学習課題をその都度指示した

【事例3】C君
（言語能力が低い、積極奇異型）

落ち着いて着席ができず、学習に集中できない。

WISC—Ⅲの検査では、算数と符号が3と、結果が極端に低い。社会科や理科の断片的な知識であれば、自分のものにできる。ことばによるやりとりが苦手なため、相手が不愉快に感じる口汚いことばを発したり、手を洗った後のぬれた手を、人に向けて振って水をかけたりして、周囲の気を引こうとする。子ども同士では、すぐけんかに発展してしまうことが多い。トラブルの原因が、一週間前の出来事を恨みに思っていたためだったりする。

担任教師は、以下のような指導をした。

①休み時間は、担任教師が教室にいて、トラブルに発展しないように指導した

②自分の気持ちを文になるように話したり、昨日の出来事を思い出して文章に書く練習を始めた

【事例4】D君
（言語能力が高い、積極奇異型）

学習成績は優秀。こだわりが強い。

担任の質問に挙手をするルールは学んだが、挙手をしている自分が指名されないと、「どうしてあててくれないの？」と、大きな声で不満を言う。テストの最中に、大きな声で問題を読みながら答えも言ってしまう。

ノートの間違いを赤色のインクで直すと「やらない」と言っていたが、ほかの子を見て自分もと思ったらしく、書き直して、教師に見せに来るようになった。

担任教師は、以下のような指導をした。

①暴力や危険なことでない限り、しかったり強く制止したりせず、周囲の友だちのやり方を見て、少しずつ理解していくことに期待した。一、二年生

で学習ルールを身につけ、着席して、黒板に書いてある事柄をノートに書き写せるようになれることを目標にした

②「○○しちゃだめ」ではなく、「△△しようね」と肯定的にことばをかけた

【事例5】E君
(言語能力が高い、積極奇異型)

学習成績は優秀。一〇〇点とか、一番とかにこだわる。聴覚(大勢の人のざわめきの音)・触覚(体に触れられる)の感覚過敏があり、パニックの原因になっている。対人関係は、自分の思いを主張するあまり、周囲の子どもとトラブルになることが多い。

低学年のころ、担任は授業中も一人違う本を読むことを認めた。また、いらいらしたときは時間を決めて教室から出て、図書室に本を読みに出かけることも認めた。三年生からは我慢することも大切だと、時間割に合わせて教室で学習することを求めた。

担任教師は、以下のような指導をした。

①一〇〇点がとれなかったと怒りだしそうになると、「失敗は?」の問いに「成功のもと」と、事前に決めておいた合ことばで答えさせ、自己コントロールの指導をした

②問題行動の後では、「何がしたかったの」と行動の理由を尋ねた。暴力は絶対に否定するが、E君なりの理由があれば、いったんは否定せずに認めた。担任教師への信頼感につながった

③一日の学校生活を振り返り、E君と担任とで「成長カード」(図)に評価をした。登校して教室に入ったら、「ランドセルをロッカーに片づけられたか」に始まり、「連絡帳が書けたか」までを二人で振り返りながら評価した。問題行動があった場合は、担任教師がその場に適した望ましい行動を教えながら一日を振り返り、二人で評価し、シールをはった

④「成長カード」は翌週の月曜日に家庭に持ち帰らせ、保護者に、学校でのE君の様子についてほめてもらう材料にした

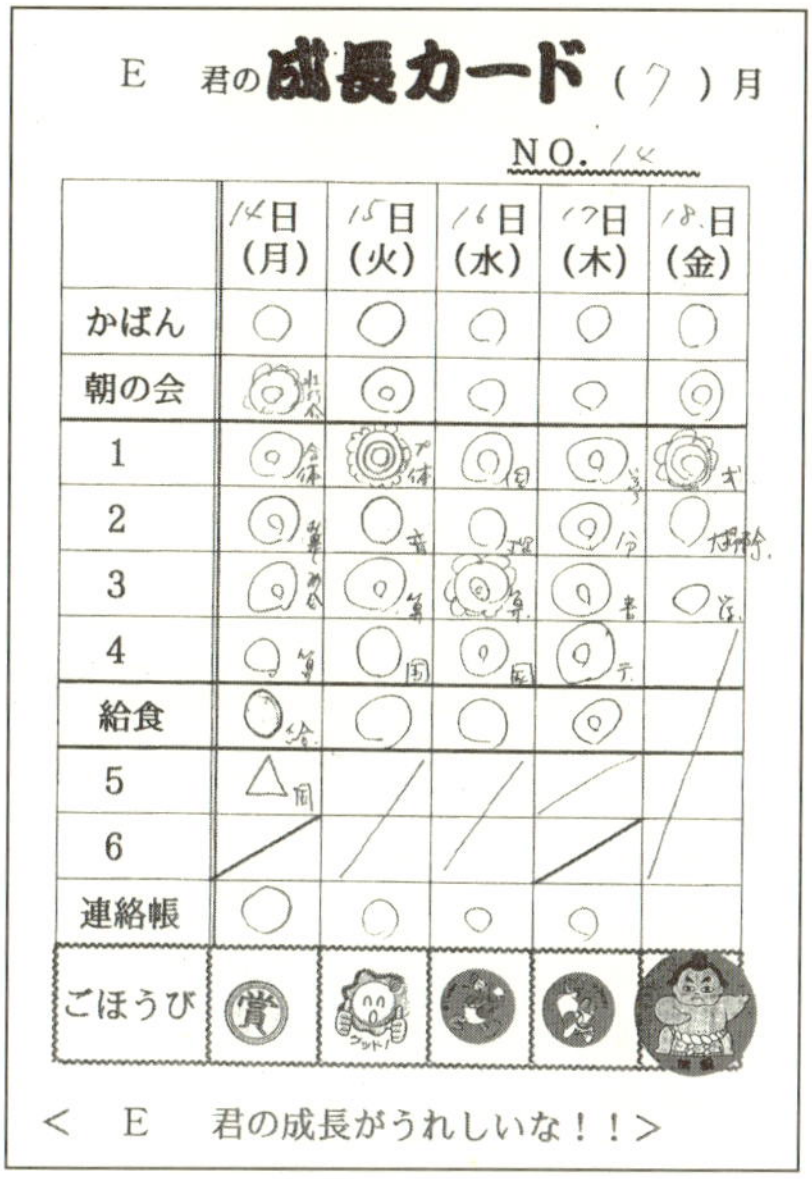

〈図〉成長カード

⑤一日の生活を振り返ることは、E君にとって予想以上の効果があった。自分を振り返ることで、自己コントロールすることを意識できるようになった

ほかの子どもたちへの配慮

学級の子どもたちには、お互いの差異を認め合おうと常に指導した。

「順番を守らなかったりしたら、優しく教えてあげよう。暴力は絶対にダメだから、けんかになったら先生に連絡をしてほしい。嫌な思いをしたら先生に相談してほしい」と話した。

「この子は今、助けが必要なんだ。今度、このクラスのだれかが助けが必要になったときは、先生は全力でその子を助けるよ」と話し、約束をした。学級の保護者にも、子どもたちを通して理解の輪が広まっていった。

高機能自閉症やアスペルガー症候群の子が住む地域の保護者から、学校へ不安を訴える声が上がったことがあった。

そのときは地域保護者懇談会を校長室でＰＴＡ主催で開き、母親が地域に対し、障害告知を行った。保護者同士の取り決めとして、子どもたちには障害名を漏らさないことを約束した。

高機能の子どもへの対応のコツ

指導の基本となるのは、

①個人の特性をつかむ

問題行動の原因や改善策を考えるには個人情報が必要である。

○好きな物（食べ物、キャラクター）・嫌いな物、得意なこと・苦手なことを知る

○過敏に反応する音やにおい、髪や体を触られること、食べ物、場所や雰囲気など、感覚の過敏性の有無を知る（過敏性がパニックの誘因になっていることが多い）

○知的なレベルや傾向をＷＩＳＣ―Ⅲなどの個別検査からつかむ（下位検査の項目から指導の目標を決めやすい）

○一人でも、短時間、着席して取り組める課題を知る（指導に便利である）

②指示は具体的にする

例えば視覚情報として写真や文字を使い、見通しがもてるように終わり方も説明し、本当に伝わっているかどうかの確認も必要である。

③自己肯定感をもたせる

○いじめから守る。言動の奇異さからいじめの対象になりやすいので、教師が問題解決に直接介入する（受動タイプの子が、低学年でのいじめ体験が原因で、不登校になった例が複数ある）

○成功体験を味わわせる。できる喜び、周囲から賞賛されることの心地よさを経験させる

④国語力をつける

作文や日記指導により国語の力をつけ、自分を振り返る内省力をつける。

⑤スモールステップで

教師自身がささいなことには目をつぶり、本人ができることからスモールステップで積み上げていく。

高機能自閉症やアスペルガー症候群の子どもたちの指導では、「何度同じことを言わせるんだ」と怒る

のではなく、「何度でも繰り返し教える。分からないのであれば、説明方法を変える」ぐらいの気持ちで辛抱強く指導に当たる必要があり、一つひとつの常識を教えていく必要がある。

実践 2

障害児学級で高機能児を伸ばす

通常の学級から障害児学級に移籍して適応した二つの事例

山本祐子（愛知県名古屋市立富士見台小学校教諭）

環境で変わる子どもたち

障害児学級の担任を長く続ける中で、高機能の自閉症児とは何度かの出会いがあった。いずれも通常の学級では不適応行動を示していた児童で、障害児学級に移ってきたとたん、生活ぶりが一変した。障害児学級ではあたりまえのことをしただけであるが、子どもは変わったのだ。

例えば、授業中は自由帳に絵は描かないで、先生の話を聞くのだと伝える。一斉授業だけでなく、子どもの能力に合った個別指導の時間を確保する。自分の能力を発揮できる役割を与えるなど、どこの障害児学級でも行われていることで、特別なことは何もない。心がけていたことは、理屈や道理もきちんと話そうということだけである。

ここでは、指導の方法と共に、子ども自身のことばを中心に二つの事例を紹介したい。

Ａ君の場合…授業の九五パーセントは聞いていなかった

それはね、勉強が分かりやすくなったからだよ

Ａ君は二年生まで、ほかの小学校の通常の学級に在籍していた。その学校では、授業の九五パーセントは聞いていないで、授業中に校舎内を歩き回ったり、職員室に入り浸ったりという状態であった。

三年時の転校により、私が担当する障害児学級に入級してきた。ご両親と共に初めて訪れたときの彼のあいさつは、「この小学校の創立は何年ですか？」というものであった。

Ａ君とは、授業中は教室から出ないこと、絵を描かないで授業を聞くことを約束した。国語や算数の学習は個別指導の時間を多くとり、教科書やドリルに沿って取り組ませることにした。

また学級の中で、自分の仕事や役割はだれもが果たさなければならないことや、大声を出さないできちんとことばで話さなければならないことを、繰り返し伝えるようにした。

障害児学級での生活が始まると、Ａ君は授業中外へ出ることはまったくなく、学習課題には真剣に取り組むことができるという変貌を遂げた。一か月もすると、係の仕事や頼まれたことを受け入れ、手早く済ませる姿も見られるようになった。

一学期の終わりころには、算数では、三年生の教科書に出てくるものはほぼ理解できるようになったので、力試しに私が作った難しい文章題を与えると難なくこなしてしまい、母親が「こんな難しい問題もできるんですね」と驚くまでになった。

また、学級活動でゲームの得点係をさせたときに、黒板にすらすらと表を書き、合計の欄に「ＴＯＴＡＬ」と書いたので、「ほかの子たちには読めないよー」と言って、教師が爆笑したというエピソードもあった。

そんなある日、用があって珍しく職員室に来たＡ君に、「前の学校では職員室に入り浸っていたのに、

この学校ではどうして入り浸らないの？」と尋ねたら、A君は、「それはね、勉強が分かりやすくなったからだよ」と答えた。

A君の障害の状況から、大きな集団である通常の学級では学習刺激をうまく受け取れないのだろうと思ってはいたが、障害児学級の環境のほうが分かりやすくて勉強ができるようになったから、問題行動を起こす必要はないのだと子ども自身が語ったことは、私にとっては衝撃であった。

いい気持ちがしてやる気が出ました

秋の学芸会では、A君の言語能力を生かしてA君を中心に劇をつくり、それによってA君の集中力を高め、達成感を味わわせたいと考えて指導に取り組んだ。

A君には、よそ見をしないで友だちの動きを見ること、歩き方や声の出し方など、細かい注文を出した。A君は初め、劇の練習に乗り気ではなかったが、教師のことばにその場では反発しながらも、次のと

きにはそこを直す努力が見られるようになり、練習が進むにつれ、毎日の日記の中に「ちゃんとできました。明日もがんばります」と、前向きな気持ちを書くようになっていった。

学芸会の本番の舞台では、気持ちを集中させて舞台を務めることができた。幕が降りたとき子どもたちから、「上手にできた！」と声が挙がったほどのできばえだった。

その日の日記でA君は、「げきが始まったとき、いい気持ちがしてやる気が出ました」と、そのときの気持ちを表現した。私は、A君はなんとも言えない心地よさを味わったんだろうと想像してうれしく思った。

劇を見た母親からは連絡帳で、「笑いと感動の涙が出ました。二〇分間、飛び跳ねもせず、皆のせりふ、動きを見ていたのですから、Aとしては頑張ったと思います」ということばをいただいた。子どもの障害を理解し、成長を見守る母親の存在の大きさを、私はあらためて実感した。

A君は高学年になってから、知能検査でＩＱ一二〇と測定された。通常の学級に戻る気持ちはあるかとの問いに母親は、「この子の問題は、そういうところではないので」と、障害児学級の在籍を続けるという選択をされた。子どもに合った教育の場を与えるという、母親のこの選択は正しかったと、私は今でも思っている。

B君の場合…集団を離れ、無為に過ごしていた

早く勉強を始めようよ

B君は三年生まで通常の学級に在籍してした。入学前から診断を受けていたが、母親はより多くの刺激を受けたいと希望し、通常の学級へ入級させた。

B君は、単純な計算問題は得意で文の音読もできたが、苦手な授業には参加せず、新幹線など限られたテーマの絵を描いて過ごし、奇声を発したり、廊下で寝転んだりすることもあった。身の回りの整とんが苦手で、机の周りには物が散らばっていた。

三年生になると、集会や式のときに列に並ばず、離れたベンチやマットの上でごろごろする姿が見られるようになった。このような状況の中で、四年生から障害児学級に移籍することが決まった。

移籍以前から、集団を離れて無為に過ごしているB君も、きちんと声をかけ、指示さえ出せば学級に戻っていたので、B君はやるべきことは分かっているが、個々への対応がきちんとできない環境ではうまくできないのだと、私は感じていた。

三年生の二学期には母親と話をして、三年生のうちから、交流という形で少しずつ障害児学級で授業を受けることに決めた。

B君は初め、障害児学級に来ることを嫌がったが、いざ来てみるとクラスの落ち着いた雰囲気にすぐなじみ、それまでの状態がうそのように授業に取り組んだ。交流授業を受け始めて何日かすると、約束の時間前にやってきて席に座るようになり、チャイムが鳴ると、「早く勉強を始めようよ」と発言して周囲を驚かせた。

三年生まではごろごろしてた！

　事前の交流で、障害児学級に在籍することに抵抗がなくなったB君は、四年生からすんなりと障害児学級の生活に溶け込んだ。とはいえ、ちょっとしたすきにはそれまでの習慣で新幹線の絵を描き始めることもあり、一日中集中することは、すぐには無理のようであった。そこで、授業中はだめだが、それ以外なら新幹線の絵を描いてもいいというルールを取り決めたところ、気持ちが落ち着き、授業への参加態度は見違えるほどよくなった。

　母親の希望もあってB君は、いちばん得意な算数の授業を通常の学級（親学級と呼んでいる。障害児学級の児童は各自親学級をもち、さまざまな交流をしている）で受けることにした。しかし、B君はノートの使い方も分かっていないことが明らかになったので、親学級の担任には、学習の基本であるノートの使い方から教えるよう、依頼した。

　親学級へは交流記録カードを持って行かせ、担任に授業の内容やB君の様子を簡単に記入してもらい、問題があればすぐに対処できるようにした。

　B君には学習の理解だけでなく、集団のルールを守ることや、人に迷惑をかけない態度が大切であることを、何度も話して授業に参加させるようにしたところ、少しずつではあるが、集団でのルールを守ろうという意識が出てきた。

　通常の学級に在籍した三年間は、計算以外の学習には取り組もうとしなかったが、障害児学級に在籍して授業に出かけると、学習全般に取り組めるようになったのである。

　学習に燃え、授業にきちんと参加し、身の回りの整とんも向上し、学級委員にも立候補するまでに変身したB君は、そんな自分がたまらなくうれしいようであった。

　私が「三年生までは、ごろごろしてたのにねえ」と言ったところ、自分で、「三年生まではごろごろしてた！でも、今は優等生！」と繰り返すようになった。

通常学級に行く？それはできない！

B君が六年生になったとき、言ってみた。

「こんなにちゃんとできるようになったんだから、六年生は通常の学級に行ってもできるんじゃない？」

するとB君は、即座に「それはできない！」と否定した。どうしてできないのかは答えなかったが、「もしも六年生までずっと通常の学級だったら、どうしてた？」と尋ねると、B君は笑顔で、「六年生になってもごろごろしてた！」と答えた。

B君の親も、中学校障害児学級に進むことを選択した。

変わった理由は何だったのか

初めに書いたように、彼らの指導に関しては、特別なことは何もしていない。けれども子どもたちは安定し、生き生きとした生活を始めたのである。A君もB君も、課題はたくさんある。障害児学級の生活の中で問題がないわけではない。障害児学級に来たら、問題行動がすべてなくなるわけでもないし、今の障害児学級の形が、彼らにとってのベストでもない。

しかし通常学級の環境では、知的能力の高い彼らにとってすら混沌としていて生活しにくく、学習ができないのだと、このように彼ら自身が語っているのである。

子どもたちが語ることばに、もっとみんなが耳を傾けてほしいと思う。

実践
3

自己を表現することをやめたA君への対応

こだわりと不安を理解する

久住重人（愛知県名古屋市立山王中学校教諭）

入学時の様子

学校の中で、高機能広汎性発達障害に伴う多くの問題を抱えた児童生徒と接するとき、現在の姿そのままを基に、対応のしかたや学習の展開方法を考えていくことは、とても難しい面をもっている。

中学校へ入学してきた時点では、高機能広汎性発達障害に伴う大方の問題が表出しており、また固執化していることが多いため、背景にあるものを見逃すと、後々修正することが困難になるからである。

現在、中学校一年生で障害児学級に通うアスペルガー症候群のA君は、過敏性と自分で決めたルール（一種のこだわり）が、絡み合って固まった状態で小学校生活を送ってきた。入学してきたときの様子は、次のようである。

「緘黙《かんもく》」で、背を丸めていすにじっと座っている。時々、周りの生徒の動きに視線を向ける程度で、休憩時間でも遊ぼうとすることはない。名まえを呼べば教師に注目し、話を聞いて行動に移すことができる。

　しかし、小さな活動でも初めてのことには身ぶりで拒否を示す。また、学習の中で特徴的なことは、筆記具を持って書くということをまったくしない（話す・書く以外は、おおむね学習活動に参加する）」

現在の姿の裏にあるもの

　これまでの出来事や過去の状態を知ることで、A君の現状の裏側にあるものを知ることができる。

　三歳から保育園に入園し、入園中に療育機関でアスペルガー症候群の診断を受けた。このころからA君は、「皆が我慢できることが、我慢できないのが嫌だ」「僕は、我慢できない病だ」と、よく言っていたそうである。

　就学時は通常の学級に入学したが、多動ではないものの、次から次に出てくる問題に対応しきれず、三学期から障害児学級に移った。編入後は日を追って改善していき、学習も進んで、一年の終わりにはかけ算をマスターしたそうである。

　しかし、二年生の三学期に教室の窓ガラスにビー玉を投げつけたことを担任に叱責されてから、学校では「やりたいと思うことはやらない」と、自分の中でルールを決めたようである。また、「話をする」「鉛筆を持って字を書く」などの自己表現につながることも、一切しなくなった。

　「自己表現をしない」ことから派生して、表情を変えることにもこだわりを示し、また、変化を嫌うことも絡み合って、身体の成長に対しても不安と恐れを感じるようになっている。

　中学校に入学するまでの情報と学校での姿から推察したA君の状態は、〈図〉のようである。

孤立型へのモードの切り替え

A君は家庭の中ではおしゃべりで、多くのこだわ

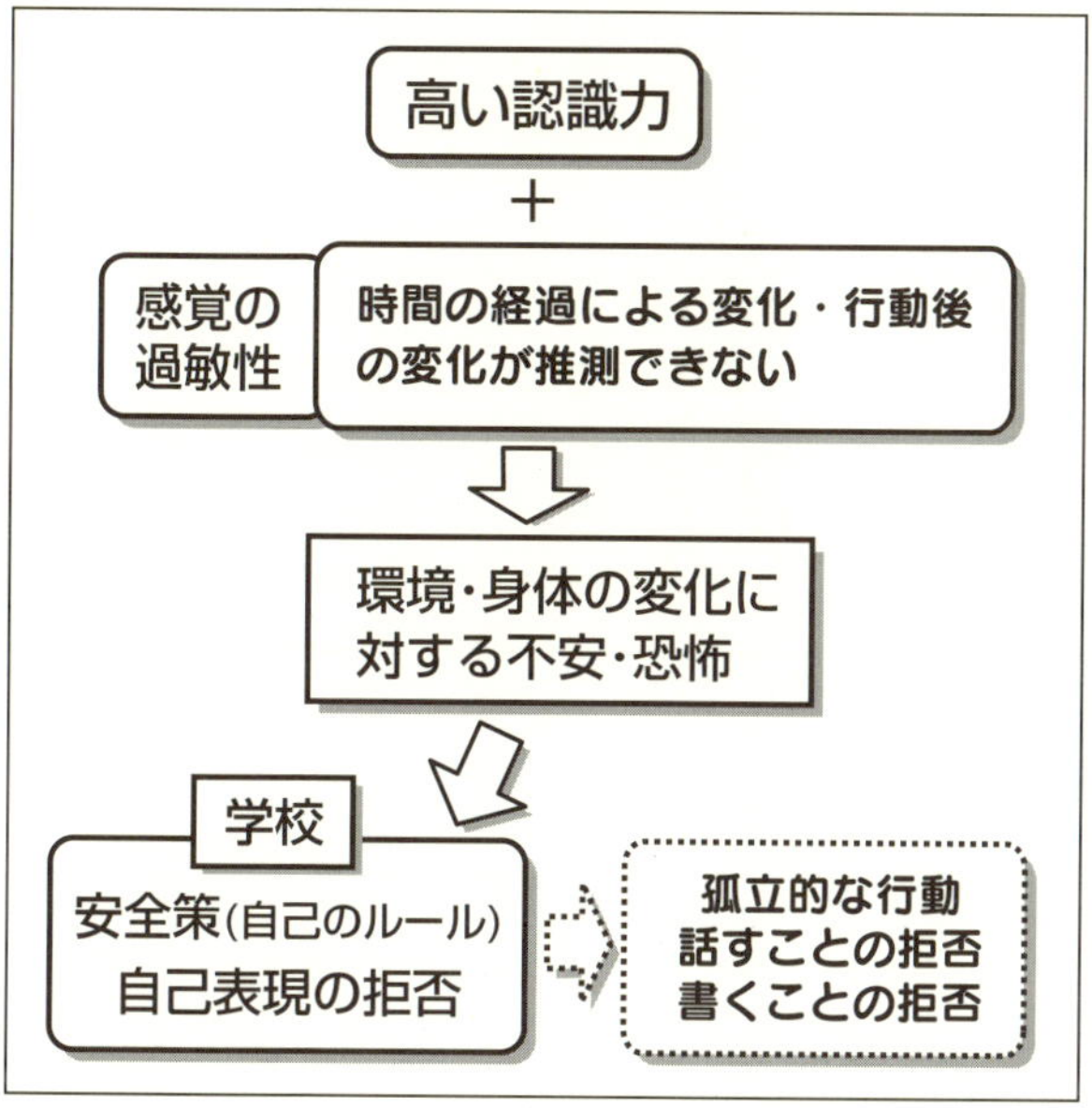

〈図〉A君の中学校入学時の状態

りをもち、時にはパニックも起こす、いわば積極奇異型で過ごしている。

学校での孤立型ととれる状態は、「嫌だ」「怖い」と感じることに包まれている中で、なんとか精神的な負担が軽くなるように、自分で判断して実行しているのである。そして、それが四年間続いて、行動の基盤として定着していると考えられる。

ここで問題なのは、拒否することが容認される環境の中にいたことで（しかたがないことではあるが）、いろいろな場面での経験が不足しており、それに伴って、極端にストレス耐性が低いことである。

孤立型モードへの切り替えの裏側には、「周りの子と同じことはするのが嫌」「やらなきゃいけないことはしたくない」というこだわりも存在している。必然的に、このこだわりを否定しなければならない学校では、モードの切り替えが必須になっているのも当然のことかもしれない。

また教室では、課題が与えられていないときには、ぼうっと何かを考えている状態でいることも多い。

最近では、高機能広汎性発達障害に解離が高い頻度で生ずることが報告されているが、A君の場合も、空想の世界をもっているようである。しかし、声をかけられると意識を容易に戻しており、記憶の欠落や、活動に支障が出るようなことはないようである。

学校の中でのアプローチ

教室の中ではいすに座り、周りからの働きかけがなければ淡々としている。確かに、一見本人にとって安定した状態ではあるが、いろいろなことをこちらから問いかけてうなずくことの中から、「退屈なときもある」「○○はしてもいい（してみたい）」などの反応を読み取ることができる。

学習には参加したいのである。高い言語理解力と、現状をすべて肯定してはいないというところに、A君の活動の幅を広げて、多くの経験を積ませていく糸口があると思う。

A君のルールへの挑戦

授業の中で筆記具を持たないことは、大きなハンデである。本人のルールの中で、ルールからは少し外れるが、許容できる範囲のことをさがすことから始めた。

「書く」ことについてA君に問いかけていく中で、「鉛筆は自分で持つから、先生が手を取って動かして字を書くのはいい」ということになった。

この方法を続けていく中で、数学の時間に変化が見られた。大きなサイコロを何回も振って、出た目を黒板に書いていき、合計を答えるという課題を行ったときのことである。振る回数が増えてだれも答えられないときに、「A君、分かる?」の問いかけにうなずくA君。

「でも、どうしよう」と私が困った顔で言うと、黒板の前に出てきてチョークを持ち、「手を持って」とアピールしたのである。

私がA君の手を取ると、その後は、自分の力でチョークを動かして正答を書いていった。

また社会科で、日本地図の中の県を色鉛筆で塗り分けていく作業をしたときのことである。手を添えられて色塗りをしているA君に対して、「B君は、一人では分からないみたいだ。君が一人で塗ってくれたら、その分、先生はB君に教えてあげられるのだけれど……」と言うと、「分かった」というようにうなずき、好きな色を自分で選んで塗り始めた(写真)。色塗り・なぞり書きは一人で、文字を書く場合は、私がA君の手の甲に手を添えれば行うようになっている。

ここで大切なのは、A君が鉛筆を持ったことではない。学習の中で活動できる内容が保障されて、安心して授業に臨めるようになったことである。自己評価が低かったA君であるが、これにより学習へ参加する自信につながり、積極性が出てきた。

〈写真〉一人で色を塗るA君

変化に伴う不安への対処

教室の中での一場面である。教材を準備していた私がA君に、「はさみを取ってきて」と、一《メートル》ほど離れたペン立ての中にさしてあるはさみを指さして言ったところ、A君は体を震わせて、「とんでもない」とアピールした。

もしかしてと思い、「いっしょに取りに行こうか？」と尋ねると、うなずくA君。その後は、フェルトペンでものりでも、ペン立てから持ってきてくれるようになった。ペン立てから抜き取ったらどうなるか、不安だったのである。

いろいろな場面で、「いっしょにやろうか？」「いっしょに行こうか？」が続いたが、みごとなまでに、二回目からは何の抵抗もなく行動に移している。

行動に移すことを拒否した場合は、「自己のルール」によるものなのか、「過敏性」や「変化に伴う不安」によるものなのかを、教師が見極めることが必要である。

教室掃除のときに、集めたごみをちり取りで取ることができず、立ちすくんでしまったことがある。いつもなら、ほかの生徒が運んできて、近くにあるはずのごみ箱がなかったためである。

「ごみ箱が近くにない」ことを、いつもと違うということとして気づいて対処したため、A君は活動を続けることができた。教師が、細かく状況を観察・把握していることを求められているよい例であった。

A君の空想への理解

休憩時間などに、これまでに得た情報を基にして、「したくないこと」や「嫌だと感じていること」について、A君に話しかけるようにしている（A君の中では、教師に対しては秘密になっていることもあるので、それには触れない）。

「実は、先生も嫌なんだよ」と言うと、意外そうな表情をするときもある。毎回のように熱心に聞き入って、途中で考え込んだりうなずいたり、最後には少し笑顔を見せることもある。

自由な時間にぼうっとしているかと思うと（解離の状態）、はっとして私の方を見ることがある。そんなとき、「どこかへ行ってきたの？」と尋ねると、恥ずかしそうな、うれしそうな顔をしてうなずく。意外かもしれないが、空想の世界をもっていることを理解してもらったのがうれしいようである（内容は、秘密とのことである）。

何げないかかわりであるが、A君にとっては「自分のことを知っていてくれる」と感じるようであり、安心できる存在として認められつつある。

A君にとって私の存在は、「かかわると楽しい人」「行動の指針を示す人」であり、しかし、「少しずつ無理も言う人」のようである。

基本は、人と人とのかかわり

現在のA君は、学級の中で何かおもしろいことがあったり、私がふざけて笑いを誘ったりすると、声は出さないものの、顔をほころばせて笑う様子を見せることが多くなってきた。

ときには、私と顔を見合って笑い転げそうになることもある。本来のA君のルールに照らせば、表情が変わる「笑う」ということも、前述したような「好きな色を選んで塗ること」もタブーのはずである。A君に、「それはいいの？」と尋ねると、「うん」とうなずく。

緘黙が続くことは、お互いを理解するうえで大きな壁ではあるが、人とのよいかかわりを積んでいくことで、たとえルールとして決めたことでも、柔軟に適用する可能性があるのではないだろうか。

また最近では、A君がアピールしている意味を私が理解できないとき、的外れな質問をする私に対して、なんとか伝えようと、顔を突き出して口を開きかけることがある。このようなA君のそぶりは、ともすると対応のしかたで悩んでしまう私にとって、新たな意欲を引き出してくれるのも確かなことである。

　ここで紹介した以外にも、A君には過敏性による問題や行動の制限がある。学校での緘黙のために、A君がどのように感じているのか分からない部分もある。もしかしたら、無理を強いていることもあるかもしれないという危惧はある。この点については、母親に家庭でのA君との会話を専用のノートに記録してもらい、参考にしている。

　家庭と学校で意識モードの切り替えをしているA君のような生徒と対応する場合、家庭と学校での情報を、同じように共有することも必須条件であろう。

実践 4

短期集中合宿での対人関係トレーニングの試み

高機能広汎性発達障害の入院治療

河邉眞千子（あいち小児保健医療総合センター　臨床心理士）

はじめに

対人関係の障害によるトラブルは、高機能広汎性発達障害の主要な問題の一つであるが、外来での個別治療には限界があることが指摘されてきた（杉山、二〇〇二）。その理由として、一対一である外来状況と集団場面との間には著しい違いがあり、多人数状況での実践的指導が必要であること、二週に一回あるいは月に一回と間隔をあけて実施される個別治療では、成果よりも学校場面でのトラブルの方が先行して問題行動の後始末だけに終始してしまうことなどが挙げられる。

これらの問題に取り組む手段の一つとして、入院治療が考えられる。しかし、もともと人との適切なかかわりが苦手な子どもたちが、自ら他の子どもたちと有機的な対人関係を結び始めるには時間がかかり、失敗のリスクも大きい。

そこで我々は、継続的に安定したグループ経験をさせるためのプログラムを準備することで仲間づくりを援助しつつ、あいち小児保健医療総合センター32病棟（小児心療科病棟）での入院治療を行った。このような形の高機能広汎性発達障害の子どもを対象とした集団療法は、わが国では初めての試みではないかと思われる。

参加した子どもたちと合宿プログラム

今回の合宿参加者は、当センター心療科に受診中の高機能広汎性発達障害の子ども五名（男児四名、女児一名）である。今回の対象者は、心の理論通過前後の小学校四年生から六年生とし、合宿の定員を六名に定めたが、一名は直前に取りやめとなった。参加した子どもの臨床像を〈表1〉に示した。

今回の合宿では、これまでの外来治療においては実施が困難であった集団行動における細かな社会性スキルの獲得と行動修正を目標とした。そのために、

〈表1〉参加児童の一覧

	診断	年齢	IQ	備考
A（男児）	高機能PDDNOS	11	68	学習障害あり、対人的配慮もある程度可能、通常学級
B（男児）	高機能自閉症	9	85	会話や新しい状況が極めて苦手、養護学級
C（男児）	アスペルガー症候群	9	108	自己中心的な行動が問題となる、解離あり、通常学級
D（男児）	高機能自閉症	9	92	他者からの制止が効かない、パニックあり、通常学級
E（女児）	アスペルガー症候群	11	96	できないと思うと固まる、不登校気味、通常学級

学校での基本的ルールは既に獲得している児童を対象とし、現在進行形で問題行動を多発させている高機能広汎性発達障害の子どもはあらかじめ除外した。しかし後述するように、参加児童のうち一名は、主治医の評価とは異なり、集団において容易にパニックを生じてしまうことが明らかとなった。

今回の合宿における中心課題は集団における協調的行動の向上である。プログラムは全体として、集団での会話の向上と課題活動の向上を目標とした。一日のスケジュールは原則として、グループ討論を午前に、集団での作業もしくは運動を午後に配置した。また、高機能広汎性発達障害の子どもにかかわった経験を持つ「アスペ・エルデの会」のボランティアに協力を仰ぎ、個々の子どもたちへの介入が速やかに行えるように体勢を整えた。〈表2〉にプログラムの全体を示す。

このプログラムの実施が可能であったのは、あいち小児保健医療総合センターの作業療法士、理学療法士、栄養士などのスタッフによる積極的な協力を

〈表2〉合宿スケジュール

	午　前	午　後
1週第1日	入院	アイロンビーズ
第2日	自己紹介練習	院内を歩く
第3日	グループ名決定	サッカー
第4日	院内オリエンテーリング	調理実習の話し合い
外　泊		
2週第1日	外泊報告	調理実習の買い出し
第2日	調理実習	アイロンビーズ
第3日	お別れ会	ドッジボール
第4日	退院	

得ることができたからである。

合宿による変化と成果

今回の合宿に参加した児童にとってはいずれも、比較的長期間にわたって家庭を離れるのは初めての体験であった。初日から緊張をはらんで始まった合宿は、二日目の本格的な集団対人関係プログラムに入ると、すぐにトラブルの連続となった。

朝からいらいらしていたD君は、集団行動の指示に従わず他の子どもとも対立しパニックを起こして暴れた。D君は急いで病棟に帰り、病棟で三〇分余り暴れた後にやっと落ち着いた。「ああいうとき（パニック時）は一人の方が落ち着く」とD君が述べたため、不穏になったときは病棟に戻って、一人で落ち着くように試みることをD君と取り決めた。

三日目は、グループ名を話し合って決めるという課題を行った。ここではB君とC君とが別の名前を提案し、多数決でB君案に決まったが、C君はそれを拒否した。結局A君の取りなしで、二つの提案を並べた名前に落ち着いたが、C君は最後まで納得ができない様子であった。

この日の午後に行われたサッカーでは、やはりC君がボールを取られるたびに泣き出し、持っているボールを他のメンバーにパスすることもできなかった。学校生活ではこのようなマスゲームでは参加はするものの、実質競技を行わずに、輪から離れて見ているだけであったと言う。

対等の仲間との集団競技は参加者の何人かにはどうやら初めての経験であったようである。

四日目になっても話し合いで物事を決定するという課題に対しては、自分の主張を繰り返し、C君に加えB君も自説を主張して譲らず、議論の度に収集が付かなくなる状態が続いた。

一方、院内オリエンテーリングなど、個別行動の要素が強い内容においては、全員、速やかに行動が可能で、トラブルもなく、改めて集団行動との落差を鮮やかに浮かび上がらせた。ここで一泊二日の外泊があり、後半に入った。

後半になると個々のメンバーの集団における個別的な課題が明確になってきた。そのために、例えば自己主張を崩さないC君に対して、年長のリーダーの指示に従うことをルールと定めるなど、集団行動を円滑にするための工夫や対応を重ねた、集団の討論も紛糾することが著しく減ってきた。

後半二日目の調理実習では、個々には文句を言いつつも、参加者全員で協力をしながら調理を行うことができた。後半三日目に象徴的なエピソードがあった。二グループに分かれ、劇の発表を行ったのであるが、元々乗り気でなかったEさんは、ささいな最初の失敗で、「もうできない」と座り込んでしまった。

しかしD君が台本無視で出演し、それでもA君やB君の協力で劇が進むのを見て気持ちを取り直し、再度挑戦し、今度は上手に演じることができた。このグループ活動に対しては、全員が有意義で楽しかったと表明した。

このように、後半になると、個々の児童の問題が明らかになる一方で、それぞれの個性が、他の子どもにプラスの影響を与え合い、相互の問題を補うという、当初われわれが予想していなかった力動も生じるようになった。また、グループ内の対人関係は病棟でも継続し、C君がA君を兄のように慕ったり、メンバーが自主的にかかわりあったりする様子が多く見られた。

参加した子ども全員から寄せられた「もっと期間を延長してほしい」いう感想を残し、合宿訓練は終了となった。

短期合宿訓練の持つ意味

高機能広汎性発達障害の入院治療においては、看護師による生活援助により、まったくできなかったことが、比較的短期間でできるようになることがしばしばある。

これは、家庭環境よりも入院環境の方が、生活規則が細かく定められており、日常生活が構造化され、子どもが今まで取ってきた生活の方法を変更しなければならない反面、余暇時間が少なくなって生活の見通しがつきやすくなるためにほかならない。

高機能広汎性発達障害において、一対一場面と集団場面とで著しく行動が異なることはこれまでにも指摘されてきた。参加している集団の参加者数が多ければ多いほど、そこで展開される活動や行動は、予想ができないほど多岐にわたる状況となり、高機能児の対応が可能な限界をやすやすと超えてしまう。

このような状態の学校生活の中で、高機能児は一見適応的に見えていても、実はファンタジーへの没頭に一人ふけり、あるいは解離を用いて意識を切り離している場合が少なくないことが、最近になって指摘されるようになった（杉山ら、二〇〇二）。

従って、高機能広汎性発達障害の中心的障害である社会性の障害への治療教育を行うとなると、集団における治療教育が不可欠である。しかし学校場面における集団行動の是正は、教師の側がこの障害に対するよほどの理解がない限り、問題行動への対応のみに終始し、高機能広汎性発達障害の子どもの未来につながる、より高次の社会性獲得は困難であるのが現状であろう。

このように一通りの社会性スキルを既に獲得した高機能広汎性発達障害の子どもに対して、統制や介入が可能な少人数による集団場面で、しかもできるだけ対等かつ水平なグループの中で、集団行動スキルを集中的に学ぶ場を作れないかというテーマが浮上してくる。

今回の入院治療を用いた集中訓練は、正にこの狙いの上で実施をした集団療法である。入院という二四時間での訓練は、何よりも密度において外来での訓練に勝る。通常のグループ活動では、それほど長時間にわたって行うことはできないので、個々の子どもたちが抱える情緒刺激からの防衛スタイルを崩すまでには至らずに済んでしまうことが多かった。

活動プログラムとして規定された一日四時間あまりの訓練は、一日だけで既に、一回一時間の訓練を二週間に一回実施した場合の、実に二か月分に相当する。

また、これまで自閉症を対象としたキャンプなどは数多く行われて来たが、非日常的なレクリエーションが中心となり、対人関係上の細かなかかわりに目を向けるには、刺激が多すぎた。

今回の入院プログラムは、子どもたちが、入院病棟という守られた空間の中で規則正しい生活を送りながら、多すぎずしかも少なすぎない統制されたグループの中で、同質の児童による水平で対等な対人刺激を受けながら社会性スキルを学ぶことができるように計画されている。

今回の合宿を通して最も実感されたのは、当然とはいえ、一対一場面と集団との高機能広汎性発達障害の子どもの行動の違いである。C君などは一対一である限り、何ら抱えている課題の重さに気付かれることはないであろう。一見適応的なEさんにしても、集団での失敗に対しては、恐らくは過去の場面の強いタイムスリップが生じ、回避以外の方法を取ることができなかった。

D君に至っては、恐らくは学校側が彼に合わせて対応しており、本当の意味での集団行動スキルの獲得はこれまでできていない状況であったことが明らかとなった。また後半に至って、相互の問題を補い合う関係が生じたことは、我々としてはまったく予想していなかった変化であった。

こうしてみると、高機能広汎性発達障害の子どもの社会性スキル練習において、等質のグループによって行うことの重要性が改めて浮き彫りになってくる。恐らく、学校場面では、通常学級は言うに及ばず、養護学級においてすら、周囲の児童の支えによって一見適応的に見える状況が繰り返されているのではないかと推察される。

今回の合宿訓練では、個々の児童の持つ問題に対して、速やかに介入と修復が可能であった。また一度この様な形で修正が加えられ、それが成果をあげると、高機能広汎性発達障害の子どもにおいてはC君の調理実習での参加や、Eさんの劇への参加に見られたように、新たな行動場面での修正も比較的速やかになされることが確認された。

このように、今回の集中合宿は短期間の経験ではあったが、その密度の濃さによって多くの成果をあげることができた。

しかし、ボランティアとしてご参加いただいた「アスペ・エルデの会」スペシャリストスクール所属の現職教員の先生方からは、「子どもたちはとてもいい経験ができたと思うが、学校場面ではなかなか反映されないだろう」という感想が寄せられた。

筆者も同感である。このような恵まれた環境から実際の生活に戻ったとき、この合宿が子どもたちにどのような影響をもたらしたのか、どのようにすれば合宿での経験を最大限生かしていけるのか、という問題は引き続き検討されなければならない。


〈参考文献〉
○杉山登志郎編『アスペルガー症候群と高機能自閉症の理解とサポート』、学研、二〇〇二年
○杉山登志郎、海野千畝子、浅井朋子「高機能広汎性発達障害に見られる解離性障害の臨床的研究」『小児の精神と神経』四三(二) P.一一三〜一二〇、二〇〇三年

実践
5

高機能自閉症児とイルカ介在療法

イルカと遊ぶ中で生まれるもの

木谷秀勝（山口大学教育学部助教授・NPO法人日本ドルフィンセラピー協会）

だれが主役なのか

イルカ介在療法（DAT=Dolphin-Assisted-Therapy）に関しては、これまでイルカが発する超音波や、障害をもつ人たちを見分けて寄ってくるといったイルカの能力（？）による「癒し」について語られることが多かった。

しかし、実際に自閉症児とイルカ介在療法を体験して思うのは、「自閉症児が主役である」ということである。これは当然のようにも聞こえるが、実際の療育の場では、ある理論背景に自閉症児の可能性を閉じ込めようとする考え方も、依然として強く見られる。

従って、自閉症児を中心とした療育の基本的姿勢を見つめ直すためにも、イルカ介在療法がもつ可能性について検討する価値はあると思う。

特に本稿では、高機能自閉症に対する有効性について考えてみたい。

なぜ、イルカなのか

それでは、どうして「イルカ」が治療に用いられるのだろうか？

その答えとして、三つのことが考えられる。

第一に、「イルカ」が多くの人に好奇心をもたれる存在であること。

自閉症児も当然、「いろいろな対象に関心をもつ一人の子ども」である。イルカを前にして、高い好奇心を駆り立てられるのだ。

第二に、海やプールという「イルカ」がすむ環境である。

波や海流のリズムや、自然がもつ、なにか安心できる雰囲気は、自閉症児はもちろんのこと、いっしょにかかわるスタッフの心も安定させるようだ。

第三に、ふだんの生活を離れた、非日常的な時間と空間で行われる活動は、自閉症児にとって、日常的なストレスを低減しやすい。

そして、その後の余暇支援プログラムへと活用を広げていきやすい。

参加者からの反応

イルカとそれを取り巻く環境が介在し、自閉症児が主役となることで、どういった効果が期待できるのだろうか。

その答えを示すとすれば、「自閉症児が自発的にイルカと触れ合うことで生じる、新たなことに挑戦する自信」と、「挑戦する子どもたちの姿から、この子は、まだまだ可能性をもっているのだとあらためて感じる保護者の安心感」である。

筆者自身がイルカ介在療法を体験したのは、香川県さぬき市（辻井・中村、二〇〇三年）と、山口県下関市の水族館・海響館である。

海響館において試行的に行った昨年度のイルカ介在療法では、プログラム終了直後に保護者へのアン

ケートを行った。

アンケートの結果には、幼児では発語が増えたり、表情が豊かになるなどの変化が記されていた（宮崎・石村・木谷、二〇〇三年）。

しかしその変化は、保護者のことばを借りるなら、「イルカに、今までの療育による成長を引き出してもらった」のである。決して、イルカ介在療法だけで生じた効果ではないのだ。

また、高機能自閉症児の保護者の感想では、「（周りの助けもあり、日常では思いどおりにできていることが多いが）社会では、必ずしも自分の自由にできないこともあるのだということを、親がいくら言っても理解しなかったのに、今回のセラピーでは、体全体で実感できたようだ」と記述されていた。

イルカ介在療法は、それまでの日常生活での積み重ねの上に、なんらかの変化の契機が生まれるものと理解しておく必要がある。

そして、こうしたなんらかの（ちょっとした）変化は、必ずしも参加者全員に見られるわけではない。

イルカ介在療法の流れ

下関市（含む豊浦郡）に在住する自閉症児を対象として、二〇〇三年七月から九月にかけて実践したイルカ介在療法のプログラムを紹介する。

このプログラムは、下関市にある海響館のイルカプールを利用し、下関市立中央病院小児科、海響館スタッフ、筆者と研究室所属の大学院生らが中心となり、海響館のイルカの協力を得て実施した。

対象は、幼児～中学生までの高機能自閉症や、知的障害を伴う自閉症児である。

六人単位で週一回、計四回の（一クールと言う）プログラムで実施した。有料であったが、三か月間で計一八名の自閉症児が参加した。

プログラムは、以下の流れで行った。

オリエンテーションからスタートして、イルカをよく観察し、浅いプールサイドでイルカとタッチング（イルカの体に手で触れる）を繰り返しながら、イルカへの自発的アプローチに慣れ、最終的には深いプールに入り、イルカといっしょに泳ぐ（子どもの能力に応じて、目標を柔軟にする）。

保護者には、自閉症児の様子を観察すると同時に、自閉症児がイルカとの新たな体験を終えたとき、体験を共感する役割を担ってもらっている。

小児科医師は健康面を管理し、年長児の場合には、毎回プログラム前後に血圧と脈拍の測定を行った。

海響館のスタッフは、イルカとのかかわり方の指導やイルカのコントロールを行う。

我々療育スタッフは、自閉症児とイルカとの具体的なコミュニケーションを進めていく役割を担っている。

イルカ介在療法を含む自閉症児への市全体での地域支援の充実と、長期的な余暇支援の可能性について検討することが、来年度以降の課題となっている。

高機能自閉症との関連性

高機能自閉症児とイルカ介在療法の関連性について検討してみると、高機能自閉症の特性の理解にもつながる四つのことが見えてくる。

第一には、イルカとのかかわりでも見られるように、高機能自閉症児の治療では体全体を使ってのコミュニケーションが重要である。

高機能自閉症児は知的能力が高いために、日常生活では「ことば」のシャワー状態の中で生活している。そして、このシャワー状態が「ことば」への過敏性や混乱を招くことにつながる。従って、イルカとの間で交わされる体全体を使っての新たなコミュニケーションが達成できることは、今後に向けての安心感をはぐくむきっかけとなりやすい。

第二には、高機能自閉症児は最初から巧みにイルカにタッチングできるわけではなく、近づきたいが、なかなか近づけない場合もある。その様子を見るにつけ、高機能自閉症児が日常生活でも抱えているさまざまな場面に対する強い葛藤状態が予想できる。

イルカ介在療法では、専門家のサポートで葛藤から回避するのでなく、子どもが巧みな接近方法を見つけるきっかけを作り出す。

実際に、イルカ介在療法をきっかけとして、苦手な運動にチャレンジするようになった事例もある。

第三には、高機能自閉症児への評価は、しばしば学習の達成状態が中心となりやすい。しかし、学力評価と社会的能力とは相関していない。たとえ低学年で成績がよかったとしても、学年が進むにつれて低下しやすく、自己評価は低下するケースが多い。特に一〇歳以降ではこうした傾向が生じやすいので、早期の段階から自己評価の安定を図る必要がある。これには、学校以外の場で新たな自己評価が得られるのが望ましい。従って、イルカ介在療法がもつ余暇支援の可能性は、こうした学校以外の場で自己評価をつくるきっかけとなりやすい。

第四には、高機能自閉症児では、自分の中でのパターン化した決まりにこだわり、家庭や学校で周囲の人とペースが合わず、トラブルになることがある。従って、見通しをもった行動コントロールを身につけることが重要である。

その場合、イルカ介在療法のように余暇プログラムとしての楽しみを予定に入れることにより、行動コントロールすることも可能となりやすい。実際に、学校で頑張りすぎる状態が見られた高機能自閉症児が、「無理をするとイルカと遊べなくなる」と言われて、そのひと言で行動コントロールにつながったことも報告されている。

さまざまなアプローチの一つとして

イルカ介在療法は、決して特殊な治療効果をもつプログラムではない。

イルカ介在療法がもつ治療教育的構造を、詳細に理解することこそが重要である。簡単に言えば、自閉症児が安心して自発的に取り組める環境への配慮、その自閉症児の特徴を理解できる専門家の存在、そして、周囲にいる多くの人たちの深い理解が大切なのだ。

しかしながら、高機能自閉症児に関しては専門家が少ないうえ、周囲からは理解が得にくい状況が続いている。

それゆえ、イルカ介在療法を含むさまざまなアプローチを通して、さらに高機能自閉症児を理解する必要性が、今後の課題となるだろう。

〈参考文献〉
○宮崎佳代子・石村真理子・木谷秀勝「自閉症児へのイルカセラピーの試み」『第二八回九州・山口地区自閉症研究協議会ポスター報告』（抄録集）P.一七、二〇〇三年
○辻井正次・中村和彦編『イルカ・セラピー入門　自閉症児のためのイルカ介在療法』ブレーン出版、二〇〇三年

第5章　青年期を迎えて

実践 1

仲間がいて成長がある

青年期のグループ活動がもつ意味

大井 学（金沢大学教育学部教授）

社会的行動の教え込みとは異なる適切な早期対応を

高機能広汎性発達障害をもつ青年たち同士のグループ活動が、彼らの適応や学習にもつ意味について考えたい。筆者の会っているグループのメンバーは二十代前半の若者で、大学・専門学校の学生、卒業後、仕事についている者、または家事手伝いの者などである。

彼らは、二〇歳前後に高機能広汎性発達障害として診断されるまで、なんの対応も受けてこなかったか、幼児期に発達障害があるとされて指導を受けたものの、学齢期には、なんら専門的な対応なしに育ってきた人ばかりだ。ものの考え方や行動のしかたに社会常識から外れた面があったり、著しく柔軟性が欠けていたりするため、学生生活・就職・周囲との人間関係において、非常に深刻な困難に直面している。早期対応がなされていれば、ここまで苦労せずに済んだのではと思える。

ここで言う早期対応とは、障害についての正確な理解に基づいたうえで、子どものニーズに沿って行われる臨機応変な支援のことである。カードや予定表など、机の上での絵カード、ソーシャルスキルトレーニングによる社会的行動パターンの教え込みなどではまったくない。社会的行動レパートリーの教え込みは、社会との柔軟な折り合いと、自立への道を閉ざすおそれがあると考える。

六〇年代から高機能自閉症の療育に携わったある高名な臨床家が、悔恨の念をもって筆者に語ってくれた。老齢の母親に付き添われ、三〇年ぶりに現れた在宅不就労の中年男性のふるまい方が、子ども時代に、この臨床家が教え込んだものと寸分たがわず、かつまったく場面にそぐわないものであったという。

長崎での事件以後、これまでの間違った「傷つかないよう、優しく」路線から、突如「厳しく教え込む」路線に乗り換えを図っている「専門家」たちには、特に強調しておきたい。

(人間関係への渇きをいやしつつ成長する青年たち)

筆者の出会う青年の数は多くないわりに、問題は多岐にわたっている。融通が利かない、初歩的な意見対立について交渉できない、自分かって、コミュニケーションと人間関係の技能が未熟、周りに合わせられない、奇異な対人行動、葛藤への耐性不足、強い迫害感情の継続、感情のバースト、フラッシュバックなど、挙げればきりがない。

これらは、筆者が同じく高機能広汎性発達障害の小・中学生たちのグループで経験することと、姿こそ多少違えど、中身はほとんど変わらない。ただし、彼らの名誉のために付け加えれば、それらは時折顔を出すだけで、ふだん彼らは自分をコントロールしようと努力しており、グループ活動を通して、問題は少しずつ改善していっている。

きまじめすぎて融通の利かなかった人も、他のメンバーとの間で柔軟なかかわりをもち始めている。対人場面への不安が高かった人は、グループにおいて自らを表現するようになってきている。受け身的だった人は、進んでグループの企画を提案したりし始めている。いい子の仮面を着けていた人は、自己主張を始めている。グループ活動への参加を通し、自己の変化を自覚している人もいる。

ともかく青年たちは皆、グループ活動を楽しみにしている。活動内容は、四つ葉のクローバーをさがすというほほえましいものから、日本経済についてのまじめな議論、互いの行動についての批判、旅行の企画やフリーマーケットへの出店、学齢グループの手伝いなど、多様に展開している。彼らはまるで、乾ききっていたスポンジが水をぐんぐん吸い込むかのように、人とのかかわりを得ようとしている。

グループでの人間模様

ものの感じ方が共通するということは、心地よい友好関係をつくり出す。「コスプレで無免許運転する」といったたわいのない軽口で何度も大笑いしたり、ゲームや鉄道の話題で何時間も話し込んだりする。

まじめな議論も彼らは好む。十代の若者が一つのテーマで議論し合う、テレビ番組『しゃべり場』と同じことがしたいと言いだし、「コンピュータと現代社会」というテーマで話し合った。

しかし、このときは一人が長くしゃべりすぎ、他者の言うことに耳を貸さないということが起こった。この場面では、彼らの抱える問題が、彼ら自身を互いにうんざりさせてしまった。こういったことも、コミュニケーションの学習のよいきっかけであると考える。

活動の計画や、出先での集団行動についての意見の不一致はしょっちゅうであり、昼ご飯をどの店でとるかを決めること一つでも、各々のメンバーが小うるさい注文をつけるため、みんなが空きっ腹を抱えてうろうろしながら、妥協が成立するまで、長い時間をかけて我慢強く交渉しなければならない。これまた、対人関係のよい練習機会となっているが、支援者の備えるべき第一の資質は気の長さである。

あけすけにものを言いすぎる、平気で遅刻する、周囲に断りもなく一人でどこかへ行ってしまう、同じことを何度も言う、相手を呼び捨てにする、女性の髪に触るなど人の嫌がる奇異な言動をとる、また、きれて大声を上げたり暴れたりする。

　こうした彼らの不適切なふるまいは、支援者のみならず、彼ら同士をもしばしばいらだたせ、互いへの批判やそれへの反論で、激しいことばが飛び交うことは珍しくない。ひいては、話し合いの最中に机をひっくり返すようなこともまれには起きる。そういう場面では、次回はもうやって来ないのではないかと思えるほどショックを受けているメンバーもいるし、他方では、平然とそれを眺めているメンバーもいたりする。

　当事者同士や支援者を巻き込んでの、恋のさや当ても珍しくない。一人の女性に複数の男性が思いを寄せているのに、当の本人は別の男性に気があったりするという、なんとも気の毒な状況が起きたりする。

　また、グループ活動が終わると、気の合った男同士で繁華街に遊びにも行っているようだ。

　女性メンバーは少数派なせいか、支援者の女性を相手に、ファッションやペットのこと、メンバーの男性の特徴を口にしたりしている。

　支援者を抜きにしても、自分たちで電話し合ったりメールをやりとりするなど、相当のかかわり合いが起きているようである。

　就職すること、職場で円満な人間関係を築くことは、最も重要な関心事である。メンバーの多くはトライアル雇用を解雇されたり、アルバイトの面接を受けるたびに落ちたりしている。

　仕事の話題を話すときには、「アスペルガー症候群であることを自ら理解し、ほかの人に受け入れられるように努力しないといけない」といった建て前ともとれる発言や、ジョブコーチにどう助けてもらうのか、面接はどうしたらいいのか、といった現実的な質問が飛び交う。

　人々とのかかわりや、場面に応じたふるまい方に関する悩みも話題となる。ストーカーすれすれの行動を繰り返しては、罪になるかどうか、心配げに皆に尋ねる者もいる。人の目を見て話すには、どうしたらいいのかと問いかける者もいる。集団場面で不安が高まったとき、自己コントロールをどうしたらいいいか、アドバイスし合う者もいる。

青年たちの変化

グループ活動を通して見られた彼らの変化の中で、印象に残ったものをいくつか挙げよう。

ある男性は、それまで長い間続いていた不適切な行動がピタッとやんだ。彼は、上司を呼び捨てにすることがふてぶてしい態度ととられ、就職に失敗したが、それにもかかわらずグループでは、相変わらず仲間や年長の支援者を呼び捨てにすることをやめないでいた。

ある日、ほかのメンバーや支援者から、「呼び捨てにするなら話をしない」「目上の人を呼び捨てにするやつを会社は雇わん」などと散々に言われ、それから彼は、呼び捨てにすることをやめたのだ。

また、ある女性は、ある日を境に自信をつけた。彼女は資格を生かして、学齢グループの夏合宿の調理を担当した。偏食が多く、容赦なく食べ物に文句をつける小学生たちを前に、彼女がインターネットを渡り歩いて練りに練ってきたレシピは、大きな変更を余儀なくされた。彼女は、子どもたちとの話し合いを通して、好みに合わせたメニューを作り直した。

次の日から、彼女は子どもたちに積極的に話しかけるようになり、けんかが起きたときにはその仲裁まで始めた。その夜、昼間の疲れからか、子どもが入浴中で洗濯機が使えないいらいらからか、彼女はホールを行ったり来たりしていた。

そして、突然筆者の所にやってきて、「先生、私、変わったと思いませんか?」と言い始めた。「どこが変わったと思うのですか?」と聞くと、「この合宿で、コミュニケーション能力が上がりました」と彼女は答えた。

家業や高齢者介護の手伝いを彼女に頼むなど、家族の働きかけもあり、秋には、彼女は大きく変身した。服装や化粧は積極的になり、各種の催しや資格取得の講習会に出ていくようになった。

個々の変化が、仲間関係にも変化をもたらした。

旅行中に満員電車内で暴発したメンバーが反省会で、原因についてほかの仲間に説明したところ、あるメンバーは、自分がどのようにストレスをコントロールし、暴発を避けてきたか、子ども時代を振り返りながら語り、また別のメンバーは、「これからは、困ったときは黙っていないで、ほかのメンバーに言わないといけない。そうしないと助けられないから」と応じた。

暴発を繰り返してきた彼は、いつになく素直に聞き入っていた。さらに次の旅行では、どのような配慮が必要か、みんなで話し合った。

ここに、何物にも代え難い仲間として深い共感が築かれていると見るのは、筆者の過剰なセンチメンタリズムかもしれない。しかし一年前には、このメンバーの暴発や不適切行動に対する仲間の反応は、裏で支援者に文句を言うか、あるいは、非常に攻撃的な非難をしつこく繰り返すだけであった。グループ活動に遅刻すると、別のメンバーは夜中に、電話で延々二時間も非難を続けたりしていた。

ほんの一年くらいでも、彼らの人間関係は大きく変わっている。経験を通して、それぞれが他者への配慮や、自己の問題の他人との協力による解決の術を学びつつある。

このような変化は、彼らの間で繰り広げられた豊かな人間模様と並んで、冷静に彼らを受け止め、彼らから学びながら的確な対応を図り、彼らの信頼を得てきた支援者に負うところが極めて大きいことを、強調しておきたい。

実践 2

人間関係でつまずかないために

保健所で実施している青年期広汎性発達障害者デイケア

日詰正文（長野県精神保健福祉センター 言語聴覚士）

周囲と「かかわりたい」との望み

近年、青年期になってから「広汎性発達障害」と診断され、支援を受けたいと希望するケースが増えている。学校教育の後にも、長期にわたる支援の場が必要とされているからだ。

「広汎性発達障害」と診断された彼らは、既に数多くの失敗や不安を体験している。そういった経験を経てもなお、うまく周囲とかかわりたいと考えている真剣な姿を、私たちに見せてくれることが多い。彼らの希望にこたえる、なんらかの受け皿が必要である。

ここでは、精神保健福祉センターと保健所が連携して実施している「青年期広汎性発達障害者デイケア」を紹介する。

デイケアを始めた経緯は

各都道府県・政令指定都市に設置されている精神保健福祉センターは、精神科医・心理職・ケースワーカーが精神障害者の地域生活についての直接・間接支援を行っている行政機関で、保健所とのつながりが深い。

長野県精神保健福祉センターは、県内の自閉症親の会から陳情を受けて、昭和六一年より「自閉症（様）児（者）療育対策グループ」としての取り組みを行ってきた（平成一六年五月より、「自閉症自律支援センター」として拡充）。

精神保健福祉センターでは、主に保健所の母子保健分野と連携して、幼児・学童期での早期発見・早期療育についての地域システムづくりをしてきた。

ところが、このシステムにより療育を行った幼児・児童たちが成長し成人になると、地域生活をしていくうえで、適応できていないケースに直面することがしだいに増えてきた。さらには、相談に来る本人たちからも、同じ障害の仲間と会って話をしてみたいという希望が聞かれるようになってきた。

一方、保健所は、精神障害の地域支援については、これまで地域の核となる機関であったが、発達障害の成人期に対しては福祉分野であるとして、業務として扱うことは控えてきた。

しかし、保健所は本来、年代や、知的障害の有無で区切らない相談が可能であることや精神科医との連携も確保されていること、精神障害者支援の中でSST（ソーシャルスキルトレーニング＝社会性技能訓練）のノウハウも場所もあるという点が魅力なのである。

保健所としても、従来行ってきた精神障害者デイケアの中には、広汎性発達障害と考えたほうがよい参加者が少なからずいて、対応を模索してきた。

母子相談や思春期相談の場面でも、ことばが発達し、登校渋りがなくなったら、広汎性発達障害児への支援を終わりにしてもよいのかというスタッフの迷いがあった。

精神保健福祉センターと保健所双方に、青年期の受け皿を必要とする事情があったわけである。

そこで、まず精神保健福祉センターで受理した青年期広汎性発達障害者の相談を、保健所の部屋を借りながらいっしょに面接をするところから始め、徐々に相談ケースが増えてきたらデイケアを開始するという手順で、「青年期広汎性発達障害者デイケア」を試行的に開設することとなった。

デイケアとは

対象は、一五歳以上の広汎性発達障害をもつ方で、本人および家族が参加を希望し、主治医がデイケア参加を有効と認めた方とした。毎回、五名から一〇名程度が参加している。時間は月二回、月曜日の午後の二時間で、会場は保健所のデイケア室。スタッフは、保健所と精神保健福祉センターの職員、嘱託職員が当たる。

毎回の始めの会と終わりの会の内容を固定し、司会当番は持ち回りにする。主な活動は、作業・レジャーとSSTを組み合わせたもので、前の回に話し合って決めておく。〈写真〉のようなスケジュールとなる。

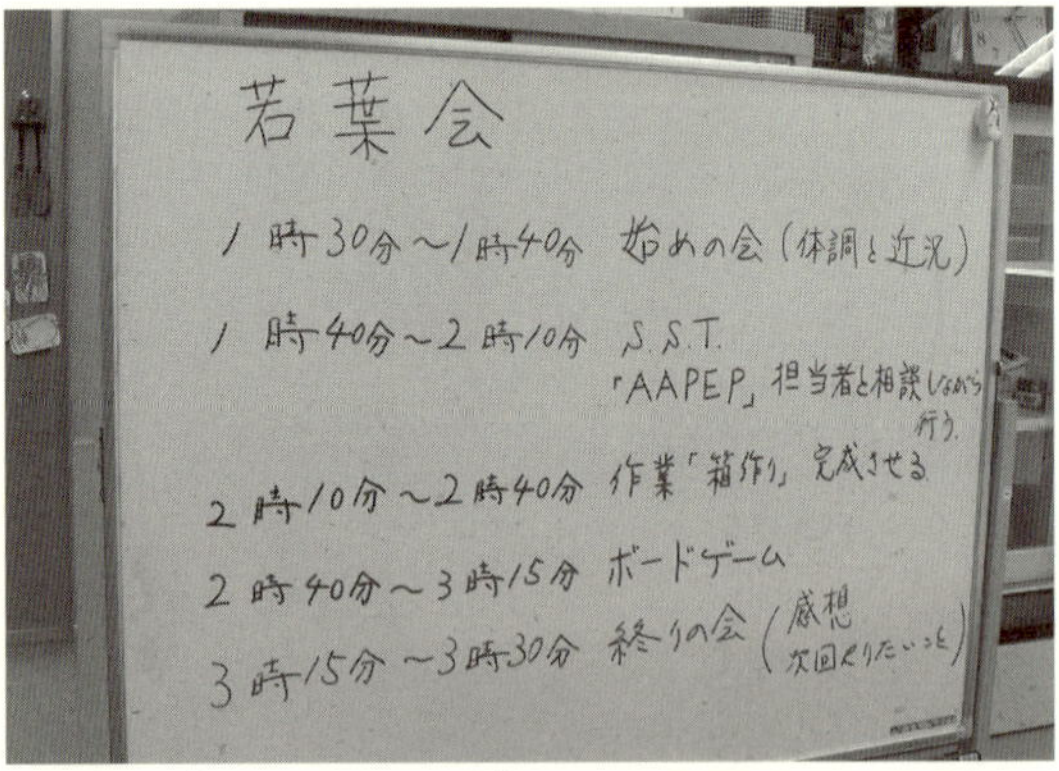

〈写真〉デイケアのスケジュール

家族は、活動に同席する場合もあれば、別室で学習会をすることも、自由に過ごすこともある。

作業・レジャーについては、あらかじめスタッフミーティングの中で個々の苦手なことを配慮し、成功体験となるように話し合う。

SSTについては、「どうすればいいか、考えてみなさい」という指示ではなく、適切な行動の選択肢を設けて提示したうえで、その中から自分に合ったやり方を見つけてもらう。それを台本として書き出し、ロールプレイ体験をするという形式にしている。

そのほか、空き時間に繰り広げられる彼らの「お気に入り・こだわり」の活動や話には、時間や場面を限定したうえで付き合うようにしている。ルールやマナーが守れたことは意識的に評価し、フィードバックするなどの配慮をしながら進めている。

参加者の様子は

具体的な事例そのものではなく、それぞれいくつかの事例を組み合わせながら、参加者の様子を紹介する。

Aさんの場合

Aさんは、二十代後半の男性。現在は、学校や会社などには、どこにも所属していない。

大学時代や会社時代での失敗が忘れられず、一度親身に話を聞いてくれた精神障害者デイケアのスタッフBさんに、昼夜、時間に構わず電話をかけた。迷惑だからと注意されたときは「分かった」と言うが、何度でも繰り返してしまっていた。その結果、Bさんからは敬遠されてしまっていた。

Aさんは結局、青年期広汎性発達障害者デイケアに移り、別のスタッフが、五分間だけと時間制限を伝えたうえで、目の前で、彼の話を紙に書き取りながら聞くようにしたところ、Bさんへの迷惑電話は著しく減少した。

その後Aさんは、ほかのスタッフや参加者に話しかけるときに、「この場所で、五分話してもよいですか？」と、あらかじめ自分から尋ねて約束を守ることが可能になっている。

Bさんは今では、「迷惑だと注意するよりも、具体的な条件を視覚的に伝え、マナーを守ったら守ってくれてありがとうと言わなければならなかったと、身をもって分かった」とコメントしている。Bさんは、Aさんに似たほかの精神障害者デイケア参加者にも、具体的な条件を伝えるようにしてかかわり始めている。

Cさんの場合

Cさんは、二十代前半の男性。専門学校に通っている。

中学でいじめに遭い、高校は通信制で学んだ。その後、運転免許取得や職業トレーニングも受けるが、集団で作業する場への就労に対する不安が高く、結局は、家でテレビを見たり、書店で立ち読みをして過ごす日々が続いていた。

デイケアに参加しても、当初は、「僕はダメです。いつも失敗ばかりして、しかられてしまいます」と、悲観的なコメントが多かった。

ほかの参加者とのかかわりでも、「僕から誘うといつも失敗しますから、まず相手の方から手紙をもらえませんか？」と、慎重な姿勢に終始していた。

デイケアでは、「相手に誘われても都合が悪いときの断り方」「いっしょに映画を観に行こうと誘う方法」などの具体的なテーマを、SSTに取り上げて練習した。一生懸命覚えようとする彼を、スタッフは励まし続けた。

現在では、SSTで成功体験を積んだやり方で、ほかのデイケア参加者に、「よかったら、僕と文通しませんか？」と働きかける様子も見られる。スタッフには、「うまくいかないときは、またSSTで練習させてください」と、要望を伝えられるようになっている。就職についても、「そろそろ挑戦してみたいと思います」と、前向きなことばが聞かれている。

Dさんの場合

Dさんは、十代後半の男性。養護学校高等部に在籍しているが、学校の集団場面の音刺激や話しかけに対する緊張感が強く、朝も、皆が登校してくる前の時間を選んで登校していた。もともと家庭では話をするが、学校では口を開かないことが多く、おとなしい生徒として、受け身的な参加をしてきた。そのことが徐々に疲労感となり、彼の心に積み重なってきた様子であった。

デイケアへ参加しても、当初はデイケア室に入れず、人気のない廊下にいたりトイレに入ったりして時を過ごすことが多かった。

そのような場合も無理強いせずに、紙に書いたスケジュールを渡して、「今、この部分をやってるよ」と、スタッフが時々伝えた。Dさんのお気に入りの車やテレビ番組の情報を、ホームページから見つけてはプリントして提供するという試みも続けていたところ、しだいにデイケア室の入り口まで来て、さらには入り口近くのいすに座るまでになり、徐々に参加するようになった。

静かな環境の保障と、スケジュールや興味・関心の視覚共有の試みが比較的うまくいったことを、学校にミーティングを通して伝えた。こういったことを学校でも配慮してもらうことで、みんなのいる時間でも登校することが可能となった。

現在では、新車のパンフレットを提示しながら、生き生きした声で「最近は、この車がお勧めです」と、デイケアのほかの参加者にアピールするようになっている。

Eさんの場合

Eさんは、十代後半の女性。民間有志で行う広汎性発達障害のグループワークに参加していたが、女性の参加者が少ないことに不満をもつようになった。

それまでは、男性の前でも急に化粧を始めたり、着替えをしてしまっていたので、母親はやっと女性らしさを意識し始めたことをうれしく感じて、女性スタッフの多い保健所デイケアへの参加を打診してきた。

デイケアスタッフは、あいまいさを残さないように、初めからマナーや身体の知識、「ノー」と言う方法の個別的なSSTを行い、それをメモして、いつでも思い出せるようにした。Eさんはそのメモを家に持ち帰り、忘れているときにはこのメモを思い出すよう、家族からも助言してもらうべく協力を取り付けた。

現在では家族の協力もあり、大人の女性がすべきことを一つひとつメモし、実行しようとしている。

スタッフに、「後でもいいですが、教えてください。こういうときはどうしたらよいですか？　私、分からないので」と相談することもある。

家族への情報提供を

本人たちが自分の特徴を知り、支援を受けるだけでなく、周囲の人が、障害の内容についてよく知ることは大切である。

特に、障害の発見が青年期にずれ込んだ場合は、家族同士がほかの広汎性発達障害をもつ青年の家族と出会うチャンスはなかなか得られない。家族の理解が得られないと、本人の周囲の友人や担任などへの説明も遅れがちになる。

そこで、家族教室を開催して、基本的な考え方や接し方を教えている。ここで初めて、家族も気になる点を、遠慮せずに語れる場面を得ている。そして、障害の実態を知るにつれ、自分の育児が失敗したわけではなく、もともと困難なものなのだということが分かり、本人へのかかわり方にも、余裕が生まれている。

地域での長期にわたる支援を

広汎性発達障害をもつ青年たちが、周囲に受け入れられるためには、細かいマナーや知識を一つひとつ覚えることを必要としている。

参加者からは、「仲間が頑張っていると、自分も頑張ろうという気持ちになる」という感想が聞かれ、スタッフも、**「たとえことばの発達がよくても、決して支援が不要なのではない」**と気づき、細く長く支えていきたいという気持ちになっている。

長期にわたる広汎性発達障害への支援は、保健だけでなく、広くネットワークを張り巡らせる必要がある。各県に設置され始めている「自閉症・発達障害支援センター」を核に、ますます進められていくべきだろう。

今後は、潜在能力の評価をしたうえでの就労や単身生活などの支援、人権擁護などの長期支援プラン、今後所属することになるだろう職場などに向けた効果的な情報提供が課題となる。また、青年期広汎性発達障害者デイケアを開催する保健所が増加し、あたりまえに地域で支援を受けられるような受け皿の拡大も必要だと考えている。

後輩たちよ僕らに続け！

社会人の先輩と今年就職した方の話し合い

前著（杉山編「アスペルガー症候群と高機能児自閉症の理解とサポート」学研、二〇〇二）にて、青年就労者による座談会を行った。社会に出ての不安やとまどい、喜びなどを語っていた彼らは、それからの二年半、どのような時を過ごしたのか。

今回は、そのとき参加された方のほか、この春、就職されたばかりの新社会人を迎え、仕事や生活のことをざっくばらんに語ってもらった。

気の置けない仲間たちとの楽しい会話の中にも、社会での厳しさや、そこでの一生懸命な姿がうかがえる。

三〇社・四〇社受けてもだめだった。やっと入った会社も、二か月で来なくていいって

司会　実際に仕事に就いて一か月・二か月の人は、どんな感想をもっているのかな？

純　専門学校を卒業してから就職先はいろいろさがしましたけど、結局どこもなくて、それでいろんなトライアルをやってみて、それでたどり着いたのが今の工場でしたので、本当にラッキーです。自動車の専門学校に通っていたのですが、車の整備は整備するだけだと思ってたのが、自分対お客さんっていう形になるわけで、それは僕には性に合ってないと思いまして、やめました。今の工場でなら、

参加者

司会＝杉山登志郎（前出）
純＝自動車専門学校卒、電器工場六か月勤務
健＝福祉専門学校中退、自動車部品工場二か月勤務
歩＝大学情報工学科卒、自動車部品工場一年勤務
豊＝高等養護学校卒、カーテン加工会社三か月勤務
翔＝高等養護学校卒、自動車部品工場三年勤務
治＝高校普通科卒、印刷会社五年勤務
剛＝高等養護学校卒、自動二輪車工場四年勤務
母親六名
（本文中仮名、敬称略）

まあやっていけるかと思うんで、これからも頑張っていこうと思います。

純母　何か所か転々と短期間のバイトをやって、それがいい経験になったと思います。あれがなくて、すぐに今の工場だったら無理だったと思います。それで、本人の中でもあそこより今の所がいいとか、比較ができるようにもなりましたので、とてもよかったなと思います。

健　ぼくも、接客とかそういうのはあまり得意ではないほうだったけど、福祉専門学校に行ってました。そのころはまだ、人との会話では、うまく受け答えできなくって。

司会　今の仕事は、どうやって見つけたんですか？

健　職安で紹介されたいろいろな就職先を相談しながらさがしていって、面接も何度か受けました。支援センターが入ってくれて、それで就職先が決まり、勤めている状況です。

司会　支援センター経由で仕事を見つけた方はいますか？　二人いらっしゃるわけですね。今日まで二か月間仕事をしてみて、どうですか？

健　今では、センターの先生がたが横で具合を見ていなくても、自分の持ち場の作業はできるから、毎日やってます。

歩　私、大学の情報工学科にいたんで、コンピュータのプログラマー関係の仕事に就きたいと思って

おりました。で、三〇から四〇社以上受けても落ちてしまい、やはり学校のほうから進路を変えたほうがいいんじゃないかという話はありました。まず、去年四月に入った会社でやった仕事が、電話をかける営業でした。で、最初は僕、受けるほうだと思ってたんですよ。もう、二か月でいらないって言われました。その後、地元の会社で、今度は品質管理の仕事をやったんですけど、やっぱり合わないと言われてやめました。純君と健君とは違って、自分はその会社で障害の話をしたんですけれども、やはり、自分の障害の話をしたことで向こうがすごく不快に思って、すぐにその後、解雇されたという経緯がありました。今の会社は最初、二交代制っていうのがすごく気にはなってたんですけど、何とかやれています。今、六時から一四時四五分、または一四時四五分から二四時半っていう仕事に就いてます。仕事内容がよければ二交代制もしかたないかなと思って。しかし会社の中に入って、すごく仕事にやりがいをもてました。やはり自分一人の世界に入っているっていうのがよくて、この会社ではある程度の年数はやっていきたいなという気が、今しています。

司会　自分一人の世界に入るって、どういうことなのかな？

歩　前の二つの仕事は、ほかの人とのかかわりがある。今の仕事は、場所的にもほかの人とのかかわりが少ない部署に配属されて、そういうのが好きだったんです。実際に工場に勤めている方の生産ラインの中ではなくて、いちばん下の四、五人くらいしかいない所に配属されたので、本当に運がよかったとしか言いようがないと思います。

司会　豊君はどう？

豊　ぼくは、カーテンの加工をしています。カーテンの加工と言っても、いろいろあります。例えば、フックを取り付ける部分や、カーテンの切れ端を丸めて縫ったり、あと縫製、その他。

司会　豊君は、どういう経路で仕事に就いたのかな？　あなたは、高等養護学校卒なんだよね。

豊　はい。高三の五月ごろに職安

の人と相談をして、それで一一月に進路指導の先生に会社を勧められて、相談をしたうえで二月末に今の会社に内定しました。

司会　この中で、高等養護を出ているのは翔君と、それから剛君もですね。豊君はこの先輩たちと同じように、高等養護を三年間。そして、そのまますんなり会社に勤めたというケースですね。働き始めて二か月、どうですか？

豊　なんとか仕事は慣れたんですけど、なかなか人とはなじめないですね。

一度の失敗、対人関係がプレッシャーに

司会　仕事は慣れたけど、人とはなじめないですか？

翔　まあ、僕もそういうことはあった。

司会　翔さん、先輩として、今の話から共感することがありますか。

翔　一回倒してから、重たい二〇〇キロ以上の物を転がすなというプレッシャーがあって、仕事に行くのが怖くなってます。

司会　一回、その失敗をしてしまったってことで、すごくしかられた？

翔　はい。あと、不安にも思ってます。一回起きて、それを転がすなって言われて、それが原因で、会社行くとき、プレッシャーになってます。あと、足のことも上乗せされちゃって。

司会　一度、足をちょっとけがしたことがあったんだってね。

翔　はい。

司会　そういう仕事のつらさということは、ほかの先輩たちはどうですか？

治　えー、そうですね。けがっていうのは、すごくプレッシャーだと思います。

司会　あなたは、けがしたことあったっけ？

治　ないんですけれど。

司会　治君、夜の仕事が大変だって言ってたじゃない。

治　夜の仕事ですか？　昼とは違って、給料はいいんですけれど。

司会　そんな大変でもない？

治　そのかわり、雑務の人はほとんどいない状態になる。一応、段取りの人はいます。

純　一年目はまだ、残業とかが少なかったりするんですけど、もう、いざ残業したら、すごく大変と毎回思うんで、親にも何回か相談してる。

健　僕の職場では、午前中の作業中は、休憩が一分もない。そして、電車通勤で、毎朝早く作業を始めて、定時で作業が終わることはない。自動車の工場関係の職場っていうのは、忙しいときは土曜出勤もある。やっぱり、職場で仲間と話が続かないとかいうのは心配です。ただ、できることを黙々とやっています。

司会　つまり、不規則な勤務の問題と、それからずいぶん仕事も厳しいこともあるという状況ですね。歩君、いかがですか？

歩　はい。まず対人関係で、人数が少なくなると話しやすくはなったんですけれど、やはりちゅうちょしてしまったり、緊張してしまったりするんですよね。それから、いつも、仕事を失敗したらどうしよう、間違えたらどうしようということがあります。あと、正社員と私どもと扱いが違うみたいで、正社員は許してもらえるけどアルバイトはだめだ、やっちゃいかんと怒られたりすることもあって、すごい恥ずかしい思いをしてしまいます。それと、二交代制そのものはしかたないと思ってるんですけど、都合で、

「緊急ですみません。ほんと申し訳ないんですけれども、夜の一一時半まで仕事に入ってください」

とか言われることがあるんですね。それでやっぱり、困ってしまうっていうことがあります。三月くらいまではすごいきつかったですね。週六日勤務が三週続いたりとかいうこともありましたんで。今は、ぼちぼち落ち着いたんですけれども……。

司会　豊君は？

豊　はい。僕も対人関係。でもまあ、なじめないといっても、自分から聞いたりたりとかあいさつはしたりとか。あと、それ以外の会話で、会社の人が話しかけてくれれば、話すくらいはできます。

司会　そのあたりは、高等養護学校では、きちっと練習してるんだよね。こういう場合にはどうする

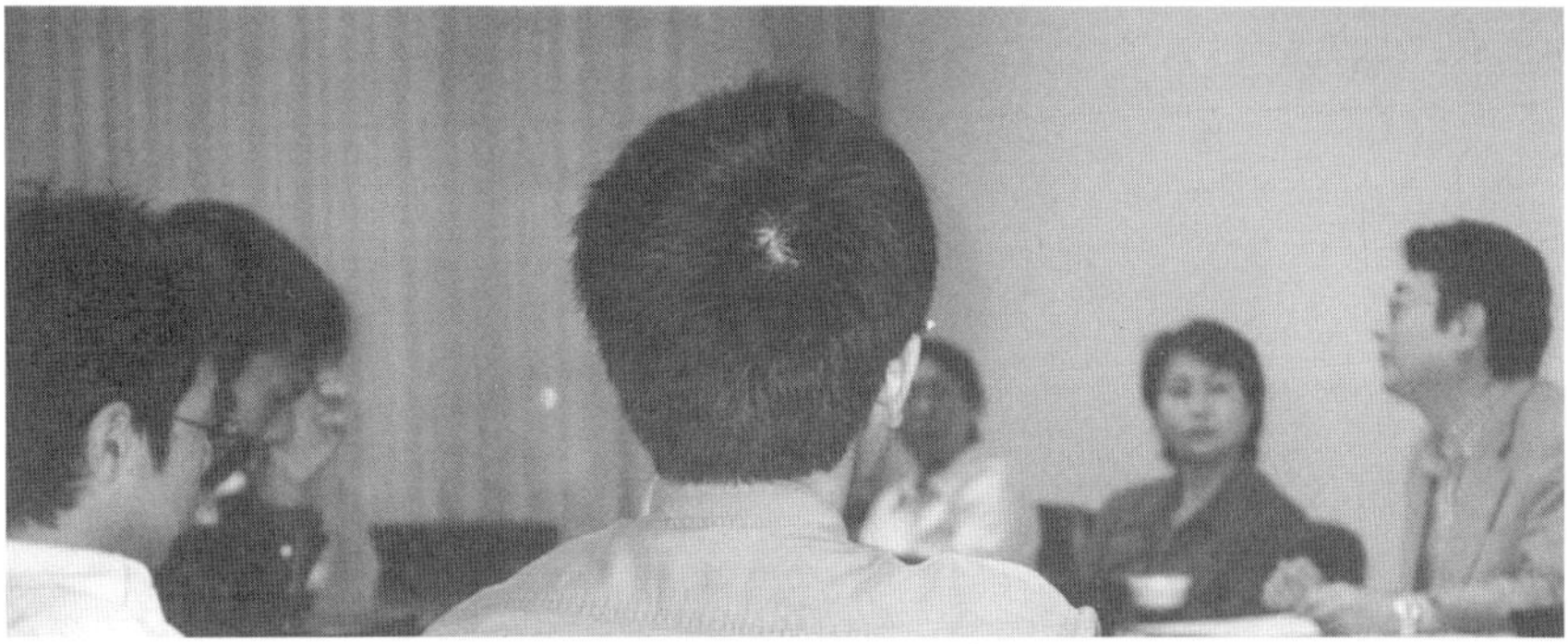

かとか。剛君、先輩として、今出てきた残業のことだとか、対人関係のことだとか、あなたはどんな具合に会社でやってるの？　対人関係では、苦労はしませんか？

剛　苦労っていうか……。あんまりしてないかな。

司会　翔君は？

翔　対人関係の面もありますし、あと、二〇〇キロを転がし禁止っていうのがプレッシャーになっちゃって。まあ、今でも辞めたいなあっていう気持ちが、四分の一くらいはありますけれど。

司会　やっぱり、ずいぶん大変なんだ。

翔　けど、その反面、最近では、品質を意識して見れるようになる面も出てきました。

翔母　本人が言うほど、大した失敗ではないんですけど、ただずっと、そのことがかなりプレッシャーになっています。会社からは、失敗しないようにこういうやり方でやりなさい、というふうに言われてるだけなんですけどね。

司会　治君、対人関係で苦労するというのはあります？

治　対人関係ですか……。ない。

司会　あなたは、社員旅行にちゃんと皆勤で行ってますよね？

治　四日間の旅行に行って来ました。対人関係は、まあ普通だと思いますが、上司には怒られてます。まあ、これも人と変わりません。

給料も大事。だけどやっぱり、反省したり、今日は調子がよかったと感じることが大事

司会 仕事のつらい面っていうのがいろいろ出てきましたが、仕事をするようになってよかったことってありますか？

翔 残業やるようになってから、もう、月一〇万円も残業手当がもらえたり……。

司会 残業手当が一〇万円？

翔 はい。

司会 手取りでいくらもらってるの？

翔 手取りで……二三万円。

一同 おー。

翔 最高に多くってということですけれども。残業が、かなりですので。

司会 自分のお金でバイクを買ったそうですね。

翔 はい。

司会 治君は車通勤？

治 はい普通車です。次の車を考えはじめています。

司会 治君は、車は自分の給料で買ったんですか？

治 親に買ってもらいました。

司会 この次の車は、自分の給料で買いましょうね。

治 はい。

司会 治君は、いくらくらいもらってるの。

治 去年の一一月が、最高で、手取りは二一万八〇〇〇円。

司会 けっこうもらってるね。剛君は？

剛 僕は一六万円。

司会 仕事で今、給料もらえるようになったっていうのは、とってもいいことですね。あの、今年一年目の皆さん、最初の給料って、もうもらいましたよね。どうしましたか？　純君、最初の給料どうつかった？

純 最初の給料、八万円弱だったんですけど、あんまりつかわなかったです。なんか、お金どんどんためて、近い将来かまだ分かんないですけど、一人暮らしとか、自立してやっていくことを考えている。

健 僕は、皆さんの中では、いちばん給料の手取りは少ないですけど、よかったことは、ほかの人の

作業を、忙しいときは手伝いに行ったりしていることです。給料よりも、やっぱり、働いて反省したり、今日は調子がよかったとか、そういうことを感じることがいちばん大事だと思います。

司会　仕事をする充実感があるってことですね？

健　はい。

司会　今まで、仕事に就くまでがすごく大変でしたからね。ほんとにそれは、よく分かりますよね。歩君、いかがです。最初の給料はどうした？

歩　あのー、正直なことを言って、まずつかいました。つかったのは、例えば遊びとか、将来のこととかいろんなことにです。簡単に言ってしまえば、自分である程度お金をコントロールしてやっていきましょうっていうことです。親と話をして、つかえるとこはつかって、貯金するとこは貯金してってというふうにしています。

司会　豊君、最初の給料はどうしました？

豊　最初の給料は……一四万円ぐらいでした。基本的には一二万円で、僕の場合は、その半分の六万円くらいしかもらえないはずだったのだけど、残業や土曜日の出勤も多かったものだから。で、その最初の給料のうち八万円は貯金して、あとは家での生活費、自分の小遣い。残った分で家族で外食しました。

司会　生活費をちゃんと入れてるんだ。立派ですね。みんなも入れてる？　この中で、ちゃんとおうちに生活費として入れている人は何人いるの？　剛君、生活費、入れてる？

剛　ちょっと事情があって、母が通帳を持ってます。それで、お小遣いとしてもらっています。

司会　歩君は？

歩　生活費としては入れてません。ただ、車検のお金とか自分で管理してますので、いちおう生活費を入れてるということになると思います。……ならないですね、すみません。

司会　一人暮らしの話も出ましたけども、将来、自立をしたいっていうふうに考えてる人、いますか？

五年後には、親の援助なしに自立できるようになりたい

歩　自立は、やはりしないといけないのかなと感じてます。この中で、たぶん唯一、まあ親の援助付きですけど、以前、一人暮らしをしていましたので。

司会　そうか、大学の時にね。

歩　やっぱり、自分のお金で将来はやっていかないとしかたないなと。将来の夢がありまして、税理士です。職安に通っていたころに適性検査を受けたのですけど、税理士関係がいいんじゃないかっていう結果が出て。偶然、今度は別の派遣会社に登録したとき、その向かい側がちょうど資格試験の専門学校だったんですよ。そういう運命かなと思うことがありまして、簿記の資格をまず二級まで取って、今、税理士の勉強を始めています。

司会　仕事のかたわら？

歩　はい、全部自分のお金です。自分のお金で、今はちょっとずつしか進めないんですけども、でも五年後、資格だけは取りたいなとは……。

司会　例えば、インターネットを介して、税理士の仕事みたいなものだったらできるかもしれませんね。

歩　そうですね。仕事をしながらだと、やっぱり一〇年かかるかもしれないけど。やはり、今の仕事が永遠にあるという保証はないですからね。

司会 なるほど。しっかりしてるなあ。ほかに、近い将来、五年後ぐらいの夢を語ってくれる方、いますか？

治 五年後ですね。基本的には家を建てることを目標として考えておりますが、車といっしょにやるのはかなり大変です。

司会 なるほど。自分の車を自分で買うのか、それとも、家の建築にお金をつぎ込むのかな？

治 やはり家は耐震性なんで、耐震性を考えるとへーベルハウス。

一同 （笑）

司会 翔君、五年後の夢は？

翔 五年のうちに、普通免許取っているかもしれないですけど。少し迷ってますね。なぜかというと、普通自動車免許を取りたいんですけど、親が反対しているんです。誰か説得してくれないですか？

司会 先輩たちの話を聞いていて、いかがですか？

純 そうですね。結婚している可能性もあるでしょうねえ。僕の年代で言うと、もう学生じゃない人が、たぶん九割以上はいると思うんです。その残りの一割は、大学生か大学院生か何か学びたいという人が専門学校に行ってるとかだと思うんです。よくよく考えてみれば、推定ですけど九割ぐらいは働いている訳です。自分も本格的な大人の仲間になったんで、自立も必要じゃないかと思うんです。あと、やっぱりこの年齢になって分かったことなんですけど、親の援助なしで生活できるかどうかもかかわってくるんじゃないかと思います。五年後は車を買って、そのときには、たぶん完ぺきに親元から離れてると。

司会 お母さん、いかがですか？

純母 五年後、完ぺきに親から離れていれば、私は万々歳です。お嫁に来てくださる方がいれば、ハイ。そんなご理解のある方が現れることを希望します。

司会 そうですね。ちょっと変わったところがあるけれど皆々、まじめに働いてるわけですから。健君、五年後の目標、いかがですか？

健 今働いている職場で、毎日働き続けていく。

司会 仕事を始めたばかりは、ちょっと余裕がないかもしれないけど、しばらくすると余裕が出てきますからねえ。

健　自分も、五年後には、かなり気を引き締めた人になっているように、基本的なことから始めていますよ。でも異性とかは……難しい。やっぱり一人暮らし向きなんでしょうね。

司会　結婚よりも、一人暮らしがいいかもしれないね。

健　自分のお金くらいしっかり管理しないと、一人暮らしはできない。アパート暮らしですけど。家は土地が安い場所のほうが求めやすいのかなあと思います。一般的に北海道。

一同　（笑）

司会　場所はともかく、ぜひやってみてくださいよ、皆さん。次こうして集まる機会があったときには、全員が一人暮らししているかもしれませんね。楽しみにしています。ありがとうございました。

構成／文責・編集部

平成一六年五月一六日開催

あとがき

二〇〇四年一二月三日は、わが国の福祉にとって画期的な意味を持つ日となりました。発達障害者支援法が国会で承認されたからです。

この法律によって、これまでは障害と認定をされなかった高機能広汎性発達障害、注意欠陥多動性障害、学習障害などのいわゆる軽度発達障害が、発達障害と認定されることになり、地域での幼児期から就労までの一貫した障害者支援が実現することになりました。また大きな問題となっている発達障害の専門家不足に対して、発達支援を行う医療機関を選定すること、発達障害にかかわる人々の専門性の向上を図ることや、専門家の育成を行うことをも定めています。わが国は大きな一歩をやっと踏み出したのです。

自閉症スペクトラムは今や、知的障害と並ぶ大きなグループであることが明らかになってきました。ところがこれまでは、知的障害に屋根を借りる形で、その枠の中での社会的支援にとどまっていました。そこからはみ出し、雨風にさらされ続けてきた存在が高機能広汎性発達障害です。

このグループが、教育、医療、福祉、司法などにおいて大きな問題となっていることについてそれぞれの分野において、遅ればせながらやっと気付かれるようになってきました。

実に、日本の自閉症学は、先進国に比して二〇年間遅れてしまったとは、地域で自閉症に先進的に取り組んできた、ある自閉症・発達障害支援センターの所長の言葉です。我々はこの遅れを取り戻さなくてはなりません。

自閉症スペクトラムとはある種の異文化です。われわれはもっともっと、自閉症スペクトラムの方の能力を活用することができるし、またそうすれば社会にも豊かな還元が可能となるのです。

先の本「アスペルガー症候群と高機能自閉症の理解とサポート」は大きな反響を呼びました。文中にも記しましたが、入門編であった前書に対して、中級編が欲しいという声を数多く聞きました。入門編と同様、分かりやすく、実践にすぐに役立つ中級編が現場で求められていると実感し、この本が企画されました。

この本には机上の空論はありません。すべて現場で苦闘している中で実践に基づき書かれたいわば最前線の報告が集められています。前書同様、教育、福祉の現場で広く読まれることを望むものです。

最後に、この本の完成のために、奮闘された実践障害児教育編集長、師岡秀治氏に深謝いたします。

二〇〇五年一月

杉山登志郎

※本書は、小社の『月刊実践障害児教育』二〇〇四年一月号と八月号に掲載した「高機能自閉症とアスペルガー症候群」の「もう動き出した本人への支援の取り組み」と「青年期の社会性の獲得」をもとに、編著者や執筆者が大幅に加筆・再編集したものである。

学研のヒューマンケアブックス

アスペルガー症候群と高機能自閉症
——青年期の社会性のために

発行　二〇〇五年三月三日　第一刷
　　　二〇〇五年八月九日　第三刷

編著者　杉山登志郎
発行所　株式会社 学習研究社（学研）
　　　　〒一四五・八五〇二　東京都大田区上池台四—四〇—五
発行人　太丸伸章
編集人　師岡秀治

編集長　師岡秀治
編集協力　山田剛一郎／(有)大悠社
装丁・デザイン　天野 誠
表紙カバー写真　岩井 猛
表紙カバーモデル　玉井夕海
本文画　上田絹子
DTP　学研デジタル編集センター（製作資材部）
印刷所　図書印刷株式会社

この本に関するお問い合わせは、①内容については、03-3726-8450　②販売については、03-3726-8188　③その他については、〒一四六-八五〇二　東京都大田区仲池上一-一七-一五　学研お客様センター、03-3726-8124までお知らせください。

／127413／ISBN4-05-402505-6 C3337

発達障害のある子どものために
学研のヒューマンケアブックスを!!

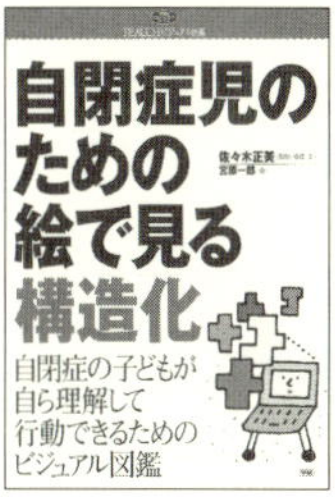

TEACCHビジュアル図鑑 自閉症児のための絵で見る構造化

佐々木正美／監修・指導・文
宮原一郎／画
B5判・80頁・
定価：1,995円（税込）

自閉症児が自分をとりまいている世界や情報を理解して，安心して自主的に行動し振る舞い，学習や生活することができるようにするためには，どうしたらいいのか。TEACCHプログラムによる構造化の実際がイラストで示されているビジュアル図鑑。

ドクターサカキハラのADHDの医学

榊原洋一／著
A5判・176頁・
定価：1,785円（税込）

注意欠陥多動性障害といわれるADHDについての最新の医学知識を，著者は豊富な臨床経験とともに分かりやすく紹介している。診断基準，併存障害，学力との問題，また治療法も薬物療法や行動療法などの非薬物療法まで詳しく解説。

壁のむこうへ —自閉症の私の人生

スティーブン・ショア／著
森 由美子／訳
四六判上製・320頁・
定価：2,625円（税込）

アメリカのアスペルガー症候群の男性・Stephen Shore氏の半生記。幼児期から青年期への出来事や思い出、体験。Beyond The Wallの翻訳書。精神医学、障害児教育に携わる方にとって、自閉症者の内面を知る貴重な文献。

特別支援教育のための精神・神経医学

杉山登志郎／原 仁［共著］
A5判・208頁・
定価：1,890円（税込）

特別支援教育，障害児教育に関わる教師や保護者，研究者のための本。自閉症，アスペルガー症候群，LD，ADHD，ダウン症，てんかんなどの子どもたちの理解や支援をするための最新の医学知識を分かりやすく紹介。

学研　出版営業部
〒145-8502 東京都大田区上池台4-40-5　　TEL 03-3726-8188
●ご注文は書店へお願いします
●ご不便な場合はブックサービスへ　※この場合は別途送料がかかります
TEL 03-3817-0711 FAX 03-3818-5969